U0526662

从专精特新到北交所

新时代中小企业高质量发展的战略选择

李 浩 ◎ 主 编

中国经济出版社
CHINA ECONOMIC PUBLISHING HOUSE
北京

图书在版编目（CIP）数据

从专精特新到北交所：新时代中小企业高质量发展的战略选择 / 李浩主编． --北京：中国经济出版社，2024.6

ISBN 978-7-5136-7374-7

Ⅰ．①从… Ⅱ．①李… Ⅲ．①中小企业-股票上市-研究-中国 Ⅳ．①F279.246

中国国家版本馆 CIP 数据核字（2023）第 115072 号

责任编辑　赵静宜
责任印制　马小宾
封面设计　久品轩

出版发行	中国经济出版社
印 刷 者	北京富泰印刷有限责任公司
经 销 者	各地新华书店
开　　本	710mm×1000mm　1/16
印　　张	13.5
字　　数	214 千字
版　　次	2024 年 6 月第 1 版
印　　次	2024 年 6 月第 1 次
定　　价	78.00 元

广告经营许可证　京西工商广字第 8179 号

中国经济出版社 网址 http://epc.sinopec.com/epc/ 社址 北京市东城区安定门外大街 58 号 邮编 100011
本版图书如存在印装质量问题，请与本社销售中心联系调换（联系电话：010-57512564）

版权所有　盗版必究（举报电话：010-57512600）
国家版权局反盗版举报中心（举报电话：12390）　　服务热线：010-57512564

本书编委会

主　编　李　浩

编委会　冶青芳　刘一飞　梁胜利　邢　旺
　　　　孙博伍　王　刚　臧其超　边明明

序 一

聚焦专精特新是新时代推动我国中小企业高质量发展的重要抓手，也是立足新发展阶段、践行新发展理念、构建国内国际双循环新发展格局、实现中小企业创新发展的必由之路。2021年，习近平总书记在中央财经委员会第五次会议上强调，要"培育一批'专精特新'中小企业"。《中华人民共和国国民经济和社会发展第十四个五年规划和2035年远景目标纲要》也提出，"支持创新型中小微企业成长为创新重要发源地"，在"十四五"时期进一步提升中小企业专业化能力和水平。自专精特新概念提出以来，尤其是习近平总书记作出关于培育专精特新中小企业指示以来，全国各界高度关注和积极响应，各地区、各部门进一步加大中小企业专精特新发展支持力度，对我国经济高质量发展产生了广泛而深远的影响。

推动中小企业专精特新发展，是我们党和国家深刻把握国内外发展经验和大势，结合中小企业自身特点，充分发挥中小企业创新策源地作用的重要举措。加大培育专精特新中小企业的力度，让有志成长为细分行业"领头雁"的中小企业兴奋不已，助力中小企业更加清楚企业发展方向和奋斗目标。工业和信息化部提出，"十四五"期间要培育10万家专精特新中小企业、1万家专精特新"小巨人"企业。迈入新时代，中小企业将承载更多的使命，专精特新发展是产业革命和科技变革赋予中小企业的新时代内涵，是中小企业的必然选择。特别地，培育专精特新中小企业有助于维护我国产业链供应链的稳定性和保持竞争力，有利于提升我国科技创新能力及对世界经济发展的外溢性。

2021年9月，习近平总书记宣布成立北京证券交易所，打造服务创新型中小企业的主阵地。这一重要举措进一步畅通了中小企业专精特新发展的融资渠道，有助于系统性解决困扰专精特新中小企业发展的融资难问题。可以预见，在利好政策推动下，一大批专精特新中小企业将成长为各自细分领域的领航企业，在基础零部件、关键技术等核心环节发挥重要作用。

我们应当看到，虽然各地区、各部门都非常重视，积极参与专精特新中小企业培育工作，各细分领域的优质中小企业纷纷响应，部分地区中小企业专精特新发展成绩斐然，但是就整体而言，目前我国中小企业专精特新发展水平和能力仍有待提升，有关中小企业专精特新发展的理论研究仍滞后于实践探索，亟须加强相应理论指导。

作为智库资深研究人员，我愿意把这本富含理论思想和实践指导的书推荐给大家，相信其能够为理论研究者、政策制定者和中小企业提供有益的借鉴和帮助。

朱宏任

工业和信息化部原党组成员、总工程师，现任中国企业联合会、中国企业家协会党委书记、常务副会长兼秘书长

序 二

2021年，既是专精特新企业发展的里程碑之年，也是北交所发展的元年。

9月2日晚，国家主席习近平在2021年中国国际服务贸易交易会全球服务贸易峰会上宣布，深化新三板改革，设立北京证券交易所，打造服务创新型中小企业主阵地。同年，国务院办公厅印发了《关于进一步加大对中小企业纾困帮扶力度的通知》，国务院促进中小企业发展工作领导小组办公室印发了《为专精特新中小企业办实事清单》和《提升中小企业竞争力若干措施》，工信部印发了《关于开展第三批专精特新"小巨人"企业培育工作的通知》，将专精特新中小企业的培育工作上升到前所未有的高度。

工信部提出专精特新概念的十余年间，国家陆续出台了一系列扶持政策，支持中小企业专业化、精细化、特色化、创新型发展。但真正将其提升到战略高度，还是在2021年。这一年里，国际经济社会形势云谲波诡，企业面对的外部环境更趋复杂、严峻和不确定，世界技术革新大潮倒逼我国调整经济结构、提升科技实力和创新创造能力。实践表明，专精特新中小企业是加快创新的生力军。在产业链关键环节上，专精特新中小企业常常率先实现关键零部件、关键技术的突破，出现在有效打破国外技术垄断的第一线。一批专精特新中小企业加入以骨干大企业为龙头的产业链中，不仅能够提升上下游协作配套水平，而且使产业链供应链的稳定性和效率有效提高，最终提升我国供给体系的质量和水平。

北交所的设立，顺应了历史的潮流。北交所避开了国企、龙头民营企业，重点关注中小企业的培育和发展，为中小企业提供了资本平台和融资渠道。提到北交所的前身新三板，其已有15年的发展历程。2015—2017

年，新三板市场一片火热，无论是挂牌企业还是券商机构，都享受了一拨制度红利。但随后在2018—2020年，新三板交易欠活跃，流动性不足，融资功能受到很多非议，经历了3年低谷期。当前，借助国家对专精特新和创新型中小企业的政策红利，新三板和北交所迎来了历史机遇。专精特新企业的显著特点是技术迭代快、资金消耗大、经营不确定性高，仅靠企业自身积累和间接融资难以满足需求。以多层次资本市场为纽带，进一步畅通资本、科技循环，发挥创业板、科创板、北交所等的支持创新作用，推动专精特新企业发展壮大，加速科技成果向现实生产力转化，有助于激发整个经济发展活力。

专精特新和北交所未来的发展，同样值得期待。

2021年12月，工信部等多部门联合发布的《关于印发"十四五"促进中小企业发展规划的通知》提出了"十四五"期间专精特新中小企业的发展目标：力争到2025年，通过中小企业"双创"带动孵化100万家创新型中小企业、培育10万家省级专精特新中小企业、1万家专精特新"小巨人"企业、1000家制造业单项冠军企业，逐步构建起"百十万千"的优质中小企业梯度培育体系。我们有理由相信，通过中央和地方的合力扶持，加强针对专精特新中小企业的公共服务，着力营造良好的市场环境，专精特新中小企业将带动广大中小企业健康发展，成为稳中求进的基础性力量。中小企业将扬帆出海，呈现百舸争流的局面。另外，北交所也有望成为中国的纳斯达克，培育出我国自己的"微软""谷歌"和"苹果公司"。

徐　明
中国中小企业股份转让系统有限责任公司原党委书记、董事长，
北京证券交易所有限责任公司原董事长

前言

中小企业是国民经济和社会发展的生力军，是建设现代化经济体系、推动经济实现高质量发展的重要基础，是扩大就业、改善民生、促进创业创新的重要力量。习近平总书记高度重视中小企业发展，强调"中小企业能办大事"，并对"培育一批'专精特新'中小企业""支持中小企业创新发展"等提出明确要求。习近平总书记在致 2022 全国专精特新中小企业发展大会的贺信中提到，"中小企业联系千家万户，是推动创新、促进就业、改善民生的重要力量。希望专精特新中小企业聚焦主业，精耕细作，在提升产业链供应链稳定性、推动经济社会发展中发挥更加重要的作用。各级党委和政府要坚决贯彻落实党中央决策部署，为中小企业发展营造良好环境，加大对中小企业支持力度，坚定企业发展信心，着力在推动企业创新上下功夫，加强产权保护，激发涌现更多专精特新中小企业"。党中央、国务院出台了一系列政策措施，不断加大对中小企业的支持力度，中小企业平稳健康发展取得积极成效。

在我国经济结构优化、质量提升、动力转换的关键时期，推动中小企业走专精特新发展道路意义重大。专精特新中小企业是指具有"专业化、精细化、特色化、创新型"特征的中小企业。专精特新中小企业以专注铸专长、以配套强产业、以创新赢市场，是中小企业群体中的优秀代表。近年来，专精特新中小企业持续发力，成为解决"卡脖子"问题的重要力量。

"专业化"是中小企业保持市场竞争力的重要手段，"精细化"是中小企业提高运行效率的必要条件，"特色化"是中小企业顺应消费升级的内在要求，"创新型"是中小企业提质增效的持续动力。走专精特新发展道路，是广大中小企业塑造竞争新优势和实现高质量发展的必由之路。

截至 2023 年 6 月，全国已经培育了专精特新"小巨人"企业超过 1.2 万家，专精特新中小企业 9.8 万家，创新型中小企业超过 20 万家。从行业分布情况来看，1.2 万家"小巨人"企业中，制造业企业超 1 万家，超四成"小巨人"企业聚集在新材料、新一代信息技术、新能源及智能网联汽车领域，在产业链强链稳链固链中发挥重要作用。此外，累计已有1600多家专精特新中小企业在A股上市，占A股全部上市企业数量的30%以上。

设立北京证券交易所，是以习近平同志为核心的党中央对资本市场更好地服务构建新发展格局、推动高质量发展作出的新的重大战略部署，对于进一步健全多层次资本市场体系，更好地支持实体经济和中小企业高质量发展意义重大。定位"服务创新型中小企业主阵地"的北交所，为专精特新中小企业提供了更为专业的直接融资平台，完善了服务专精特新中小企业创新发展的全链条资本市场体系，有助于缓解中小企业融资难、融资贵问题，以资本助力专精特新中小企业快速迭代壮大，为我国推进科技创新与产业升级、促进经济结构调整起到了积极作用。北交所的起航标志着资本市场服务中小企业创新发展的能力迈上新台阶，未来在直接融资、资源配置、创新资本形成、激发企业家精神和人才创新活力等方面将更加给力。全国股转公司总经理、北京证券交易所总经理隋强表示，北交所的主要任务是着力提升市场规模，实现公开发行上市常态化。常态化不是低水平的，而是高水平、高效率的常态化。

本书共分为六章，客观描述了专精特新中小企业发展概况，详细介绍了专精特新相关政策出台背景与历史演变，从国家和省市两个层面深入解读专精特新中小企业培育、支持政策及申报指引，尤其重点梳理了专精特新企业在北交所上市的路径，以及主板、创业板、科创板、新三板的专精特新企业上市条件，分行业对北交所上市的专精特新"小巨人"企业进行了案例分析。本书深度刻画了从专精特新企业到北交所上市的清晰路径，为申报不同层级的专精特新中小企业指引方向，为广大专精特新企业备战北交所上市提供政策层面和实践层面的参考。本书同时收录了工信部、发改委等十九部委联合发布的《"十四五"促进中小企业发展规划》等相关政策摘要，以供读者参考。

本书由北京科创企业投融资联盟秘书长、三板汇集团董事长李浩先生组织编写，调研了大量的专精特新企业、投融资机构、科研机构以及挂牌上市辅导机构，历时12个月，参加编写人员和审校人员超过20人，是各方智慧和心血的结晶，但是由于水平、时间有限，编写过程中依然难免有所不足，望各方提出宝贵意见。

目 录

第一章 专精特新中小企业发展概况

第一节 专精特新相关概念 / 3
    一、专精特新中小企业 / 3
    二、专精特新"小巨人"企业 / 7

第二节 培育专精特新中小企业的重要意义 / 9
    一、有助于保持产业链供应链稳定性和竞争力 / 9
    二、有助于激发实体经济创新活力 / 10
    三、有助于推动中小企业高质量发展 / 10

第三节 专精特新中小企业培育现状 / 11
    一、专精特新"小巨人"企业基本情况 / 11
    二、专精特新"小巨人"企业发展典型经验 / 15
    三、专精特新中小企业发展面临的问题 / 18
    四、中小企业向专精特新发展的对策举措 / 20

第二章 专精特新中小企业申报指引

第一节 专精特新中小企业申报条件 / 25
    一、专精特新"小巨人"企业申报条件 / 25
    二、专精特新中小企业申报条件 / 35

第二节 专精特新中小企业申报流程 / 53
    一、培育和复核 / 53
    二、申报方式 / 53
    三、审核公布 / 60

第三节　专精特新中小企业申报材料 / 66
　　一、专精特新"小巨人"企业申报材料 / 66
　　二、专精特新中小企业申报材料 / 66

第三章 ｜ 专精特新企业挂牌上市

第一节　新三板专精特新企业 / 71
　　一、新三板基础层挂牌条件 / 71
　　二、新三板创新层挂牌条件 / 72
　　三、新三板专精特新"小巨人"企业概况 / 73

第二节　北交所专精特新企业 / 74
　　一、北交所与专精特新的关系 / 74
　　二、北交所上市条件 / 75
　　三、北交所专精特新"小巨人"企业概况 / 76

第三节　创业板专精特新企业 / 76
　　一、创业板上市条件 / 76
　　二、创业板专精特新"小巨人"企业概况 / 78

第四节　科创板专精特新企业 / 79
　　一、科创板上市条件 / 79
　　二、科创板专精特新"小巨人"企业概况 / 82

第五节　主板专精特新企业 / 82
　　一、主板上市条件 / 82
　　二、主板专精特新"小巨人"企业概况 / 84

第四章 ｜ 北交所上市指引

第一节　北交所上市概况 / 89
　　一、北交所上市流程 / 89
　　二、北交所上市时间 / 91
　　三、北交所上市费用 / 92
　　四、北交所上市申请文件 / 92

目录

第二节　专精特新之"创新性"论证 / 94
　　一、业务创新 / 95
　　二、产品创新 / 95
　　三、技术创新 / 97
　　四、生产管理创新 / 98
第三节　上市后的运作管理 / 98
　　一、持续督导 / 99
　　二、信息披露 / 99
　　三、公司治理 / 102
　　四、股份限售与减持 / 104
　　五、股权激励与员工持股计划 / 105
　　六、退市 / 106
　　七、转板 / 108

第五章　北交所上市审核案例

第一节　上市标准选择 / 113
　　一、审核要点 / 113
　　二、相关案例 / 114
第二节　行业属性 / 115
　　一、审核要点 / 115
　　二、相关案例 / 116
第三节　财务信息披露 / 117
　　一、审核要点 / 117
　　二、相关案例 / 118
第四节　经营稳定性 / 120
　　一、审核要点 / 120
　　二、相关案例 / 121
第五节　经营业绩大幅下滑 / 121
　　一、审核要点 / 121
　　二、相关案例 / 122

第六节　研发费用计算 / 123
　　一、审核要点 / 123
　　二、相关案例 / 124

第七节　重大事项的认定 / 126
　　一、审核要点 / 126
　　二、相关案例 / 126

第八节　政府补助 / 127
　　一、审核要点 / 127
　　二、相关案例 / 128

第九节　重大违法行为 / 129
　　一、审核要点 / 129
　　二、相关案例 / 129

第十节　关联交易 / 130
　　一、审核要点 / 130
　　二、相关案例 / 131

第六章　推动专精特新中小企业发展的相关政策解读

第一节　专精特新培育与申报 / 136
　　一、"十四五"期间如何更好地推动中小企业发展 / 136
　　二、培育专精特新等优质中小企业应遵循怎样的思路 / 137
　　三、针对专精特新中小企业发展痛点，有哪些具体可落地的解决举措 / 138
　　四、关于专精特新中小企业培育标准，国家层面有无统一的指引规范 / 139
　　五、创新型中小企业、专精特新中小企业、专精特新"小巨人"企业三者有什么区别和联系 / 140
　　六、是不是所有企业都可以申报专精特新企业 / 140
　　七、企业如何参与专精特新评价和申请 / 141

第二节　专精特新中小企业支持政策 / 142
　　一、国家层面支持政策 / 142
　　二、省市层面支持政策 / 143
第三节　北交所上市政策 / 143
　　一、北交所深改 19 条 / 143
　　二、北京证券交易所税收政策 / 144
　　三、关于北交所的司法保障措施 / 145
　　四、北交所上市企业可享受哪些政府支持 / 146

附录　相关政策汇编

关于印发"十四五"促进中小企业发展规划的通知 / 151

工业和信息化部关于印发《优质中小企业梯度培育管理暂行办法》的通知 / 173

中国证监会办公厅　工业和信息化部办公厅关于高质量建设区域性股权市场"专精特新"专板的指导意见 / 188

财政部　工业和信息化部关于支持"专精特新"中小企业高质量发展的通知 / 195

后　记 / 199

第一章

专精特新中小企业发展概况

第一章 专精特新中小企业发展概况

党中央、国务院高度重视中小企业发展，习近平总书记多次作出重要指示批示，强调要培育一批专精特新中小企业。本章首先深入阐释了专精特新的由来、专精特新中小企业和专精特新"小巨人"企业的定义与内涵，从三个角度剖析了培育专精特新中小企业的重要意义。其次，从"小巨人"企业的基本情况、发展典型经验等方面，综合分析了专精特新中小企业的培育现状。最后，针对专精特新中小企业发展面临的困难，提出了多维度的对策建议。

第一节　专精特新相关概念

中小企业是国民经济和社会发展的生力军，是建设现代化经济体系、推动经济实现高质量发展的重要基础，是扩大就业、改善民生、促进创业创新的重要力量。习近平总书记高度重视中小企业发展，强调"中小企业能办大事"，并对"培育一批专精特新中小企业""支持中小企业创新发展"等作出明确要求。近年来，党中央、国务院不断加大对中小企业支持力度，法律政策支持体系不断健全，公共服务体系加快完善。2022年，我国平均每天新设企业2.38万户，规模以上工业中小企业经营收入超80万亿元。截至2023年9月，我国已累计培育创新型中小企业21.5万家，专精特新中小企业9.8万家，专精特新"小巨人"企业1.2万家。中小企业持续健康发展，综合实力、核心竞争力和社会责任能力不断增强。

一、专精特新中小企业

专精特新中小企业是指具有"专业化、精细化、特色化、创新型"特征的中小企业。专精特新中小企业以专注铸专长、以配套强产业、以创新赢市场，是中小企业群体中的优秀代表，是中小企业庞大群体中的精华和最具成长潜力的部分。专精特新中小企业特征如下。

（一）"专"即中小企业专业化发展

"专"即专业化，是指采用专项技术或工艺通过专业化生产制造的专用性强、专业特征明显、市场专业化水平高的产品。专业化强调的是从产品、服务、工艺、技术等方面追求专业性，专做一个行业、专做几个产品、专门服务一类客户、专心开拓一些地区。专业化表现为产品用途的专门性、生产工艺的专业性、技术的专有性和产品在细分市场中具有专业化发展优势。各个企业基于各自的比较优势进行专业化生产并通过能力交换对接，从专业化生产的规模经济中获得报酬递增。

专精特新中小企业自身的规模特点决定了必须将有限的资源投入相对较小的细分市场或专注于提升产品性能或技术特性，形成局部竞争优势，从而步入自我驱动的良性发展轨道。因此，专精特新中小企业注重专业化发展，定位专一精准，深耕某一细分领域，具有识别市场机会的前瞻性，在客户、产品线、地区等方面根据自身的优势做专做细，在产业细分领域勇于打破国际垄断，取得所属专业领域的领先地位。

专精特新中小企业的"专业化"具有以下特征：一是集中精力深耕。确定核心业务方向，长期专注并细作某个环节或某个产品，形成技术领跑、标准化优势和批量定制规模。二是提供专业配套。提供关键零部件、元器件和优质配套、成套产品，与龙头企业建立起匹配、可靠、稳定的专业化协作体系，逐步形成以专业化能力输出为动力枢纽、一对多的配套网络。三是发现利基市场。发掘空白领域并瞄准特定目标，降低与其他类型企业的生态位重叠度。四是往往处在"卡脖子"的关键领域。专精特新中小企业"补短板、锻长板、填空白"，实现补链强链。一方面可以填补国内技术空白，打破国外对产业链关键节点的技术垄断；另一方面可以通过实现小节点行业的技术突破，进而影响和强化整条产业链。

（二）"精"即中小企业精细化发展

"精"即精细化，是指采用先进适用技术或工艺，按照精益求精的理念，建立精细高效的管理制度和流程，通过精细化管理，精心设计生产精良产品。精细化强调精良的产品或服务品质、精简高效的管理制度和流程。精细化是走精品工业之路的必然要求，体现在精益创业、精益生产、质量管理和工匠精神四个层面。精细化突出产品与服务都秉承精益求精的理念，企业通过打造高精尖的产品与服务开拓市场，赢得自身市场地位。

专精特新中小企业专注锻造精品力作、打造金字招牌、沉淀精品文化，得以凭借"小体量"而大有作为。此外，专精特新中小企业还注重内部制度建设的精细化，包括客户服务、业务管理、人员管理、财务管理等，通过管理优化，提升企业的效率。

专精特新中小企业的"精细化"具有以下特征：一是研发精深，持续跟踪产品反馈并及时调整，精心设计制造出精致产品；二是品质精良，产品质量性能与国际先进对标达标，在行业标准、技术规范制定上有话语权，塑造自主品牌，增加品牌价值，实现高溢价；三是管理精细，构建流程控制规范、机制约束有力的现代企业制度，强化精准供应链管理并升级拓维，提升全要素生产率；四是工匠精神，以敬业严谨、一丝不苟的匠心态度对待产品制作，赢得高认可度、高美誉度；五是数字化发展，积极应用先进技术和数字化工具，扩大企业竞争优势，提升创新能力和技术效率，促进产业结构升级；六是绿色化发展，在绿色制造工艺方面促进关键技术的核心突破，持续优化绿色供应链管理体系，实现绿色、低碳的高质量发展。

（三）"特"即中小企业特色化发展

"特"即特色化，是指采用独特的工艺、技术、配方或特殊原料研制生产的，具有地域特点或具有特殊功能的产品。特色化表现为产品或服务具有独特性、独有性、独家生产经营性，具有区别于其他同类产品的独立属性。这类差异化特征、特殊性效用成为消费者心目中的突出印象。企业以其特色化获得与众不同、难以模仿和复制的资源优势，是打造核心竞争力的关键所在。

专精特新中小企业具有"小而精、小而专、小而特"的轻型化特征，形成鲜明的企业特色是这类中小企业的主要标志，包括产品特色、服务特色等。这类企业注重商标品牌建设，充分运用这一重要的无形资产体现产品和企业的核心价值。

专精特新中小企业的"特色化"具有以下特征：一是"小单元"经营，以小规模、大协作方式完成与大企业的产业链供应链配套；二是"差异性"定位，采取独特工艺、配方或特殊原料，研制差异化产品，做到人无我有、人有我特；三是"趋势性"引领，前瞻性洞察行业趋势，牵引产品迭代开发，推动消费提档升级，最大化满足特定群体需求。

（四）"新"即中小企业创新型发展

"新"即创新型，是指依靠自主创新、转化科技成果、联合创新或引进消化吸收再创新方式研制生产的，具有自主知识产权的高新技术产品，表现为产品（技术或解决方案）的创新性、先进性，具有较高的技术含量、较高的附加值和显著的经济、社会效益。创新型即实现以创新为支点的企业发展，以新设计、新产品、新款式、新包装形式等不断满足客户的新需求。

相较大企业，专精特新中小企业拥有灵活变通、快速整合资源和及时响应市场需求的能力，在开发新技术成果、探索新技术应用、重塑新场景业态等方面更具成本优势和潜力。专精特新中小企业的主导产品在设计、研制、生产、销售等方面在同行业中的技术水平均处于领先地位，部分中小企业技术研发和创新基本锁定在"市场空白"领域，以将具有自主专利技术的成果转化成产业化为目标，致力于提升综合创新能力。

专精特新中小企业的"创新型"具有以下特征：一是厚植源头创新优势。企业领导者有企业家精神，团队有创新活力，企业拥有创新识别评估能力、创新消化吸收能力、创新持续性投入能力，以及与大型企业的融通创新能力等。二是完善领域专利布局。通过持续研发、技术迭代和高质量专利申请，构建具有自主知识产权的高新技术产品矩阵，形成隐形技术壁垒。三是数字化和工业设计赋能。推进研发设计、生产管理等核心业务环节的数字化转型、网络化协同、智能化改造，以"上云用数赋智"大幅提升创新效率。

由此可见，专精特新中小企业是我国中小企业中具有专业化生产技术或工艺，并具有精细化管理特点，能够生产特色和创新性产品的制造业企业。专精特新既是一个整体，也存在着内在的相关性，其中"新"是核心，是灵魂；"专、精、特"是手段和方式，是"新"的不同表现。专精特新中小企业相关特征如图1-1所示。

专业化
专注核心业务，提高专业化生产、服务和协作配套能力，在细分市场中具有专业化优势

精细化
精细化生产、精细化管理、精细化服务

创新型
技术创新、管理创新和商业模式创新，具有自主知识产权的高新技术产品

特色化
采用独特工艺、技术、配方或原料，研制生产具有地方或企业特色的产品。

图 1-1　专精特新中小企业的特征

二、专精特新"小巨人"企业

为进一步推动民营经济和中小企业高质量发展，提高企业专业化能力和水平，2018 年 11 月 26 日，工业和信息化部办公厅发布《关于开展专精特新"小巨人"企业培育工作的通知》（工信厅企业函〔2018〕381 号），决定在各省级中小企业主管部门认定的专精特新中小企业及其产品基础上，培育一批专精特新"小巨人"企业，正式启动专精特新"小巨人"企业培育工作。为进一步加强优质中小企业梯度培育工作，推动中小企业高质量发展，工业和信息化部印发了《优质中小企业梯度培育管理暂行办法》（工信部企业〔2022〕63 号），将专精特新"小巨人"企业定义为位于产业基础核心领域、产业链关键环节，创新能力突出、掌握核心技术，细分市场占有率高、质量效益好的中小企业，是优质中小企业的核心力量。由此可见，专精特新"小巨人"企业是我国中小企业的杰出代表，是我国制造业创新创业的重要力量。

2019 年 6 月 5 日，工业和信息化部印发《关于公布第一批专精特新"小巨人"企业名单的通告》（工信部企业函〔2019〕153 号），公示了首批 248 家专精特新"小巨人"企业名单。2020 年 11 月、2021 年 7 月、2022 年 8 月、2023 年 8 月，工业和信息化部分别认定第二批 1584 家专精特新"小巨人"企业，第三批 2930 家专精特新"小巨人"企业，第四批 4357 家专精特新"小巨人"企业，第五批 3671 家专精特新"小巨人"

企业。

为进一步支持专精特新中小企业高质量发展，将培优中小企业与做强产业相结合，工业和信息化部从专精特新"小巨人"企业中优中选优，联合财政部加大对专精特新"小巨人"企业的财政奖补力度，全力培育专精特新中小企业的领头雁、排头兵，即重点"小巨人"企业。

2021年2月，财政部、工业和信息化部联合印发《关于支持专精特新中小企业高质量发展的通知》（财建〔2021〕2号），聚焦重点行业和领域，通过中小企业发展专项资金累计安排约100亿元以上奖补资金，以直达方式分3批重点支持1000余家国家级专精特新"小巨人"企业高质量发展，做强梯度培育优质企业的关键环节。同时，将支持符合条件的"小巨人"企业对接资本市场，加快上市步伐。

2023年1月，国务院促进中小企业发展工作领导小组办公室印发《助力中小微企业稳增长调结构强能力若干措施》，四条关于"专精特新"的措施如下：

①加大专精特新中小企业培育力度。健全优质中小企业梯度培育体系，建立优质中小企业梯度培育平台，完善企业画像，加强动态管理。整合各类服务资源，完善服务专员工作机制，支持创新专属服务产品，开展个性化、订单式服务，"一企一策"精准培育，着力提升培育质效。中央财政通过中小企业发展专项资金继续支持专精特新中小企业高质量发展和小微企业融资担保业务降费奖补。

②加大人才兴企支持力度。深入实施中小企业经营管理领军人才培训，优化中小企业职称评审工作，支持符合条件的专精特新"小巨人"企业备案设立博士后科研工作站。深入实施"千校万企"协同创新伙伴行动，择优派驻一批博士生为企业提供技术服务，实施"校企双聘"制度，遴选一批专家教授担任专精特新中小企业技术、管理导师，为企业提供"一对一"咨询指导等服务，吸引更多高校毕业生到中小微企业创新创业。

③加大对优质中小企业直接融资支持。支持专精特新中小企业上市融资，北京证券交易所实行"专人对接、即报即审"机制，加快专精特新中小企业上市进程。发挥国家中小企业发展基金、国家科技成果转化引导基金的政策引导作用，带动更多社会资本投早投小投创新。

④促进中小企业特色产业集群高质量发展。加强政策引导和资源统筹，构建中小企业特色产业集群梯度培育体系，壮大集群主导产业，促进集群内中小微企业专精特新发展。

2023年5月16日，工业和信息化部召开质量工作座谈会，深入学习贯彻习近平总书记关于质量工作的重要论述，研究推进工业和信息化质量工作的举措。工业和信息化部副部长徐晓兰出席会议并讲话。会议指出，高质量发展是全面建设社会主义现代化国家的首要任务。2023年两会期间，习近平总书记强调，必须更好统筹质的有效提升和量的合理增长，始终坚持质量第一、效益优先，大力增强质量意识，视质量为生命，以高质量为追求。这一重要论述深刻阐明了经济发展中质和量的关系，为工业和信息化质量工作提供了根本遵循和行动指南。

第二节　培育专精特新中小企业的重要意义

习近平总书记指出，"我国中小企业有灵气、有活力，善于迎难而上、自强不息"，"中小企业能办大事，在我们国内经济发展中，起着不可替代的重要作用"。专精特新中小企业则是其中的佼佼者，是提升产业链供应链稳定性和竞争力的关键环节，是构建新发展格局的有力支撑。特别是专精特新"小巨人"企业，长期深耕细分市场，持续性创新投入力度大、前沿领域自主创新成果多，市场占有率高，处于产业链供应链的关键环节，对解决"卡脖子"难题等具有重要支撑作用，对加大专精特新中小企业的培育力度具有重大意义。

一、有助于保持产业链供应链稳定性和竞争力

近年来，在加快构建"以国内大循环为主体、国内国际双循环相互促进的新发展格局"下，不仅需要一批大型龙头企业，更应发挥好专精特新中小企业、专精特新"小巨人"企业等优质中小企业的独特作用，确保在关键时刻赢得主动。专精特新中小企业、专精特新"小巨人"企业多数处于产业链的关键环节，抗风险能力强，对保持产业链稳定性起到强有力的助推作用。

在"补短板""填空白"方面，专精特新中小企业围绕重点产业链的关键环节做技术攻关，以提高我国产业链供应链创新链的韧性和竞争力。在"锻长板"方面，专精特新中小企业有能力在细分领域成长为单项冠军，在参与国际竞争中成长为具有全球竞争力的跨国企业。专精特新中小企业、专精特新"小巨人"企业的优势产品聚焦堵漏补缺，带动效应显著，引领众多优质中小企业同步跟进、共同参与产业基础再造工程，对于破解瓶颈制约，穿透循环堵点，增强产业链供应链韧性、根植性和竞争力具有积极意义，也为可以构建新发展格局奠定了基础。

二、有助于激发实体经济创新活力

制造业是立身之本、强国之基，实体经济为国家经济命脉所系，促进制造业实体蓬勃发展对于综合国力提升意义重大。大力发展专精特新中小企业，推动大中小企业深度融合、相互嵌入式发展，形成大中小企业协同共赢格局，有利于激发中小企业自主创新，增强制造业企业核心竞争力，不断提高自身发展质量和水平。

我国制造业中小企业直面市场激烈竞争，对市场需求反应灵敏，适应需求进行创新的愿望强烈，是创新的主力军和重要源泉。创新是专精特新中小企业的灵魂。专精特新中小企业和专精特新"小巨人"企业是产业技术基础和共性技术研发的重要载体，创新能力强、掌握关键核心技术、质量效益优。专精特新中小企业处在产业发展和技术应用前沿，在自主创新和成果转化方面需求更大、能力更强。大力发展专精特新中小企业将示范引领我国广大中小企业成长为创新发源地。

三、有助于推动中小企业高质量发展

在供给侧结构性改革背景下，专精特新中小企业是转变经济结构和布局未来产业的战略重点，其增长能力成为推进产业高质量发展的重要动力源。

首先，专精特新中小企业和专精特新"小巨人"企业是转变发展方式的先行者。它们坚持绿色低碳循环发展，积极参与绿色制造工程和工业低碳行动，实施节能技术改造，提升清洁生产水平，确保能耗、排放指标优于国家标准，在探索实现碳达峰、碳中和路径目标中发挥示范导向作用；它们质量效益突出，广泛参与制定国内外行业标准、技术规范，产品普遍获得发达国家权威机构认证，拥有良好的市场声誉和品牌标杆优势。

其次，专精特新中小企业和专精特新"小巨人"企业是转换增长动能的排头兵。部分专精特新中小企业和专精特新"小巨人"企业积极开展数字化赋能转型升级，为广大中小企业转变发展理念、规划转型路径提供了必要的数字化模式指引和参考。

最后，培育专精特新中小企业有助于发挥经济系统优化作用和整体带动效应，推进中小企业应用新技术大力发展专业化生产，积极整合大企业、产品和合作配套技术，形成与大企业合理的市场分工。

第三节　专精特新中小企业培育现状

党中央、国务院高度重视促进中小企业发展工作。习近平总书记多次作出重要指示批示，强调发展专精特新中小企业。近年来，各地不断加大省级专精特新中小企业培育力度，出台培育认定办法和扶持政策，通过认定公示培育省级专精特新中小企业，带动地方经济增长。工业和信息化部深入贯彻习近平总书记重要指示批示精神，落实党中央、国务院决策部署，积极构建优质企业梯度培育体系，加大创新支持力度，培育专精特新中小企业取得积极成效。截至2023年9月，我国已累计培育创新型中小企业21.5万家，专精特新中小企业9.8万家，专精特新"小巨人"企业1.2万家。

一、专精特新"小巨人"企业基本情况

自2019年培育工作开展以来，现已培育5批专精特新"小巨人"企业，数量共计1.2万家，其中第1批为248家，第2批为1584家，第3批为2930家，第4批为4357家，如图1-2所示。

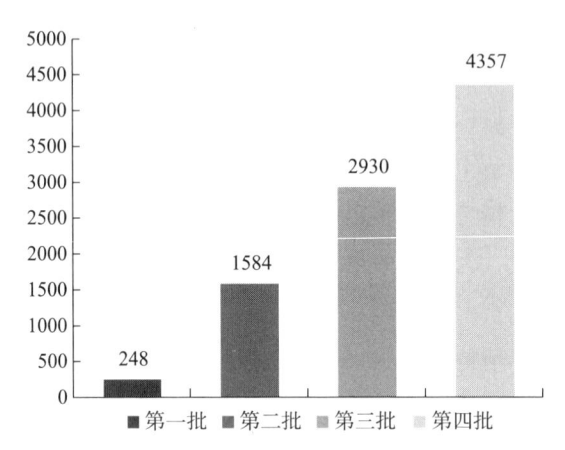

图 1-2　前 4 批专精特新"小巨人"企业数量分布

(资料来源：赛迪研究院整理)

4 批专精特新"小巨人"企业的发展情况如下

（一）专精特新"小巨人"企业具有"5678"的特征

超 50%的专精特新"小巨人"企业研发性投入在 1000 万元以上；超 60%的专精特新"小巨人"企业属于工业基础领域；超 70%的专精特新"小巨人"企业深耕行业 10 年以上；从事细分市场 10 年以上的企业超过 74%；超 80%的专精特新"小巨人"企业居本省细分市场首位，涌现出一批"补短板""填空白"的企业，并已成为制造强国建设的重要支撑力量（图 1-3）。

5：超50%的专精特新"小巨人"企业研发性投入在1000万元以上

6：超60%的专精特新"小巨人"企业属于工业基础领域

7：超70%的专精特新"小巨人"企业深耕行业10年以上

8：超80%的专精特新"小巨人"企业居本省细分市场首位

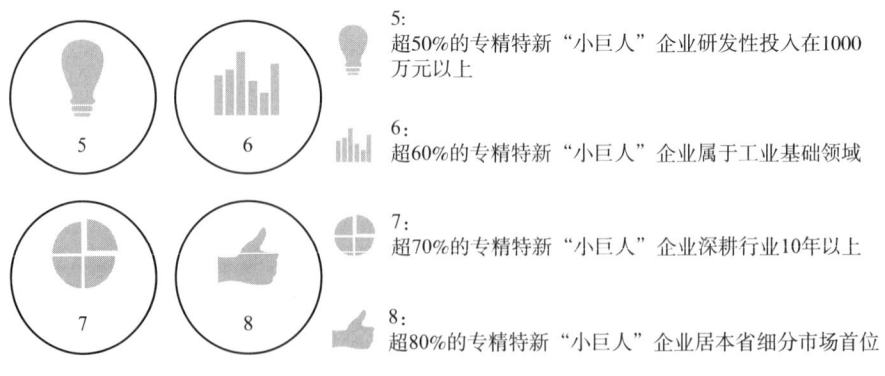

图 1-3　专精特新"小巨人"企业的"5678"特征

(资料来源：赛迪研究院整理)

(二) 专精特新"小巨人"企业呈现齐头并进之势

"小巨人"企业已实现了全国覆盖。东部和中部地区的"小巨人"企业数量占比超80%。其中，东部地区企业数量占比超60%；中部地区占比约为20%；西部地区占比约为10%；东北地区占比约为3%，与全国制造业企业区域分布规律基本保持一致，如图1-4所示。

从各省（市）分布情况看，"小巨人"企业数量排名前10的省份（市）分别是江苏省、广东省、浙江省、山东省、北京市、上海市、湖北省、安徽省、湖南省、四川省，均超过400家。江苏、广东、浙江3省的企业数量均超过1400家。"小巨人"企业数量较少的省份包括吉林、黑龙江、新疆、广西、贵州、内蒙古、甘肃、宁夏、青海、海南，区域"分布不均"的特点与我国区域经济建设整体不平衡的特点具有一致性。

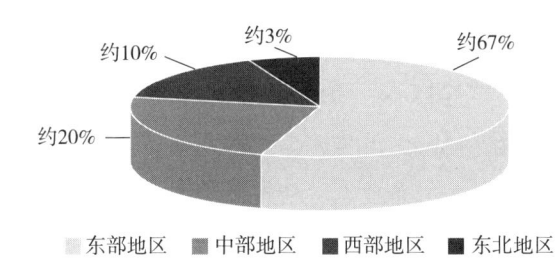

图1-4 专精特新"小巨人"企业地区分布情况

[资料来源：专精特新中小企业发展报告（2023年）]

(三) 专精特新"小巨人"企业创新能力强劲

专精特新"小巨人"企业长期深耕细分领域，专业化程度高、创新能力强。专精特新"小巨人"企业主营业务收入占营业总收入的比重均在90%以上，比重在95%以上的企业数量占比超过八成，聚焦主业特征明显。2022年，"小巨人"企业平均研发投入占比达到了8.9%，平均研发人员占比达到了28%。国家统计局数据显示，2020年规上工业企业研发强度为1.41%。全国工商联数据显示，全国研发投入前1000家民营企业2020年研发投入强度为2.57%。可见，专精特新"小巨人"企业的研发强度在广大企业群体中遥遥领先。

专精特新"小巨人"企业共拥有超20万项发明专利，户均发明专利约17项，共设立国家级研发机构约800家，院士专家工作站1240余个，博士后工作站约 1800 个。专精特新"小巨人"企业已经成为中小企业创新发展的"排头兵""领头雁"。获得国家级科技奖励的"小巨人"企业超 300 家，约 850 家在近两年参与国家级技术创新类项目，"小巨人"企业支撑了创新的大格局。

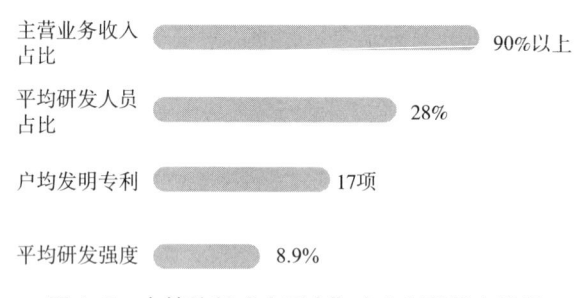

主营业务收入占比　90%以上
平均研发人员占比　28%
户均发明专利　17 项
平均研发强度　8.9%

图 1-5　专精特新"小巨人"企业创新能力数据

〔资料来源：专精特新中小企业发展报告（2023 年）〕

（四）专精特新"小巨人"企业发展韧性足

2023 年以来，专精特新中小企业韧性显现，企业预期正加快改善。2023 年 1-7 月，"小巨人"企业、专精特新中小企业的营收利润率分别比规上中小企业高 5.5 个和 2.7 个百分点。从净利润来看，2022 年专精特新"小巨人"企业净利润总额超 4900 亿元，户均净利润超 4000 万元，较 2021 年增长超 11%。其中，净利润 5000 万元以上企业占比约 24%，较 2021 年扩大约 3 个百分点，如图 1-6 所示。

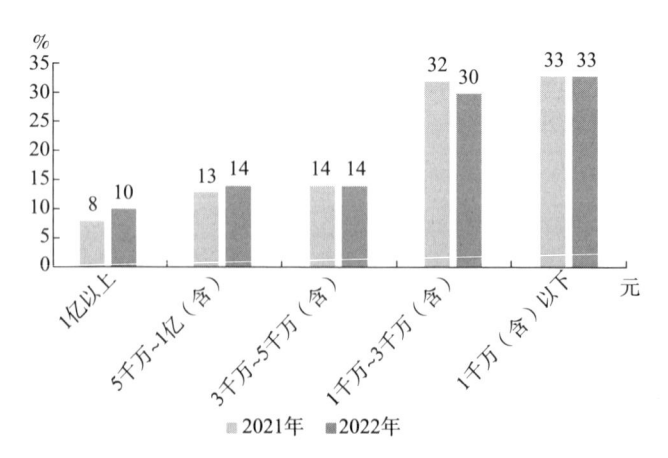

区间	2021年	2022年
1亿以上	8	10
5千万-1亿（含）	13	14
3千万-5千万（含）	14	14
1千万-3千万（含）	32	30
1千万（含）以下	33	33

图 1-6　专精特新"小巨人"净利润分布情况

（资料来源：赛迪研究院整理）

（五）专精特新"小巨人"企业备受资本市场青睐

截至2023年上半年，累计共有820余家专精特新"小巨人"企业在A股上市，占A股全部上市企业的比重超15%。2023年上半年，共有173家企业在A股上市，其中"小巨人"企业70家，占比为40.46%，成为上市企业主力军。其中，在科创板上市的"小巨人"企业23家，占科创板新上市企业的56.10%；在北交所上市的"小巨人"企业20家，占北交所新上市企业的47.62%；在创业板上市的"小巨人"企业19家，占创业板新上市企业的36.54%。2021年11月15日，北京证券交易所开市，在81家首批上市企业中，专精特新中小企业数量过半，有16家为专精特新"小巨人"企业。截至2023年6月，北交所上市的200家企业中，超四成是专精特新"小巨人"企业。

二、专精特新"小巨人"企业发展典型经验

专精特新中小企业和专精特新"小巨人"企业在聚焦主业、技术研发、知识产权保护、产学研协同创新、质量品牌管理、人才培养和团队建设、数字化转型等方面具有鲜明特点和显著优势。本节从以上7个方面入手，选取部分地区多家具有代表性的专精特新"小巨人"企业，归纳总结其成功发展经验。

（一）专注细分领域，目标定位明确

专精特新"小巨人"企业之所以能够成为市场领域及目标客户的第一名，高度专业性是核心。专精特新"小巨人"企业目标定位明确，长期专注核心产品，长期专注并深耕产业链某一环节或某一产品，能为大企业、大项目提供关键零部件、元器件和配套产品，以及专业生产的成套产品。专精特新"小巨人"企业主导产品在国内细分行业中拥有较高的市场份额，与目标客户群建立良好的共生关系。

某企业自20世纪90年代初期成立以来就瞄准起重机的液压设备，研发可以替代国外的产品。随后，企业又把眼光聚焦德国等国家的高压液压器领域，研发其中的替代品。该企业先后研制与开发了工程起重机械上的高压液压阀、液压系统等7大系列300余种产品，累计获得国家专利60项，国内知名的徐州工程机械等大型企业都是它的客户。目前，国产起重机里30%以上的高压液压阀都来自该企业。这家专精特新"小巨人"企业

用30余年的时间默默推动着我国工程、港口、农业机械产业的发展。

（二）高度重视技术研发和研发团队建设

创新是专精特新"小巨人"企业处于领先地位的支柱之一，它们高度重视技术研发投入，以创新提高产品附加值和全要素生产率，从而增加利润。创新突破需要人才，企业发展依靠员工，完整的培育、成长与创新奖励和激励体系是公司发展的基石。专精特新"小巨人"企业在高度重视技术创新的同时，打造高质量研发团队，优化人力资源结构，建立和完善科学规范的人才评价体系，形成奖励和激励体系，营造争先创优、奋发向上的环境。

某企业致力于产品技术的不断创新与超越，坚定不移地遵循完全自主知识产权的方针，取得了不菲的业绩：双电机消隙伺服系统、油电混合动力汽车引擎、交流伺服系统、直流伺服系统、伺服电机等伺服产品，以技术的先进性和可靠性与国外的知名品牌媲美，使公司成为中国动力伺服的领跑者；彩色激光标刻机、连续激光电源、脉冲激光电源、声光Q开关驱动器等激光产品，以应用技术研究及制造的突破性和原创性，推动了我国工业激光的应用技术和产业化进程，使公司成为工业激光新技术的开拓者。

（三）通过产学研合作提升协同创新能力

专精特新"小巨人"企业具有创新主体作用，牵头或参与产学研合作研发项目，与大院大所、行业协会、知识产权专业结构的合作力度不断加大。专精特新"小巨人"企业积极整合科技创新资源，促进创新要素不断聚集，促进科技创新成果有效转移，推动知识产权加快产业化。专精特新"小巨人"企业通过产学研合作发挥各自优势，形成利益共同体，达到了优势互补、互惠共赢的效果，实现了生产要素的最优配置，进而促进各项创新活动。

某企业自成立伊始即注重产学研合作，先后与国家复合改性聚合物材料工程技术研究中心、中科院贵州绿色化工与先进材料研发中心、浙江大学、太原理工大学联合设立了康命源高分子研究院，组建了以郑强教授为首席科学家的科研团队，取得了国际专利1项、国内发明专利11项、实用新型专利39项、申请中的专利15项。

（四）高度重视技术和专利保护

随着国家知识产权战略的深入实施，各地中小企业知识产权相关机构加大了对其宣传力度和扶持力度，专精特新"小巨人"企业知识产权创造、保护、运用和管理意识不断增强，对技术和专利保护的自主能动性显著提高。

某企业重视技术和专利保护，积极进行专利发掘，对科技含量高的技术、公司主营产品的技术或未来主要目标市场的技术进行专利申请及保护，保证核心技术的专利所有权。目前已申请专利147项（发明专利80项）、已授权92项（发明专利39项）、软著31项、注册商标44项。参与制定国家标准2项、行业标准3项、企业标准1项、团体标准1项，同时是CSTM/FC60/TC06团标委秘书处单位。

（五）不断提升质量品牌管理水平

高质量的产品和服务是专精特新"小巨人"企业的生命和鲜明特征。这些企业牢固树立质量第一、效益优先的强烈意识，坚持以质量为主要的竞争优势，把提升质量作为内生动力和主攻方向，普遍重视质量基础建设，产品可靠性、功能性和稳定性高，产品使用寿命整体水平高，在同类产品中具有明显的质量优势。专精特新"小巨人"企业的生产技术、工艺及产品质量性能国内领先，具有较好的品牌影响力，是质量意识的追求者、工匠精神的践行者。

某企业的产品研发、生产管理完全按照质量管理体系认证、环境管理体系认证、职业健康安全管理体系认证、知识产权管理体系认证标准贯彻执行。该公司产品通过国家信息产业部、国家质量监督管理中心等权威机构的检测，部分产品获得欧洲发达国家CE、UL、REACH、ETL、ROHS认证。成立以来，公司未发生一件关于产品或质量方面的纠纷案件。尽管质保20年，但公司售后在产品质量方面的支出未超过10万元。

（六）加强队伍建设和人才培养

专精特新"小巨人"企业重视并实施长期发展战略，重视人才队伍建设，其核心团队具有较好的专业背景和较强的生产经营能力，有发展成为相关领域国际领先企业的潜力。专精特新"小巨人"企业着力打造行业高端专业技术人才队伍。通过不断优化人力资源的数量和结构，改革薪酬体系，搭建畅通的晋升平台，致力培养一批高素质、高技能人才。

某企业先后引进了多位在欧美生物药企研发、生产、质量、市场、商贸等方面具有丰富经验的高层次专家，始终注重海内外专家对年轻骨干力量的培养，注重国际与国内知识、技能、文化的融合。近年来，海内外技术和管理专家倾囊相授自己领先于行业的知识和技术，手把手栽培公司年轻队伍，打造了以高层次海内外专家为首、年轻骨干为主力军的科研及管理团队。同时，公司与西北师范大学、兰州理工大学、甘肃农业大学等院校建立实习基地，与科研院所联合培养人才，为高新技术人才稀缺的西部省份，培养出一批行业顶尖的细胞培养工艺开发方面的年轻技术骨干，为中国细胞培养基行业的发展培育了种子。

（七）不断提升数字化智能化水平

为走好专业化、精细化、特色化、创新型发展之路，作为中小企业排头兵的专精特新"小巨人"企业积极运用新一代信息技术与制造业融合发展，提升数字化水平。

某企业近年来发动了一场"数字化革命"，确立了液压马达这一细分领域国内销量冠军的地位。2017年，随着国家在工业领域大力推动智能化和数字化改造，企业咬紧牙关加大投入，达到了立竿见影的效果。企业产值从2017年的1亿多元，猛增到2020年的3.1亿元。企业由此甩开国内同行，出口额也占到总销售额的30%，并以10%以上的速度逐年增加。从数字化中尝到甜头之后，企业把目光锁定在"5G+工业互联网"的改造上，致力打造智慧化工厂。

三、专精特新中小企业发展面临的问题

近年来，我国中小企业专精特新发展实现了数量扩张和质量提升齐头并进的发展态势。然而，我国中小企业专精特新发展的困难依然较多，政策支持内容有待进一步完善、企业持续创新能力有待进一步夯实、企业数字化转型水平需进一步提升等问题依然存在。

（一）政策支持内容有待进一步完善

当前，虽然在资金支持、培育等方面已出台一定的扶持政策，但是支

持中小企业发展的政策内容仍有待进一步完善。从市场结构角度看，国内市场开放的老问题仍待解决，国内市场垄断的新问题仍然凸显，市场结构的新老问题阻碍了中小企业创新发展。从配套服务角度看，中小企业融资难、融资贵问题长期存在，专精特新中小企业同样面临融资难题。

（二）企业持续创新能力有待进一步夯实

与美国、德国等发达国家相比，我国中小企业发展存在小而不精、多而不强的问题。目前，专精特新中小企业大多处在成长期，有一定的技术和市场优势，但企业在细分领域、关键环节等方面仍需不断加大创新投入力度，持续提升创新能力，增强市场竞争力，稳固产业链、供应链，进一步发挥好"锻长板、补短板"的重要作用。以创业板上市国家级"小巨人"企业为例，2016—2020年，"小巨人"企业户均年度研发费用占比为7.4%，较创业板整体均值的6.9%并没有太大差异。2022年，"小巨人"企业平均研发投入占比为8.9%，仍需进一步加大投入力度，着重提升创新能力和水平，如图1-7所示。

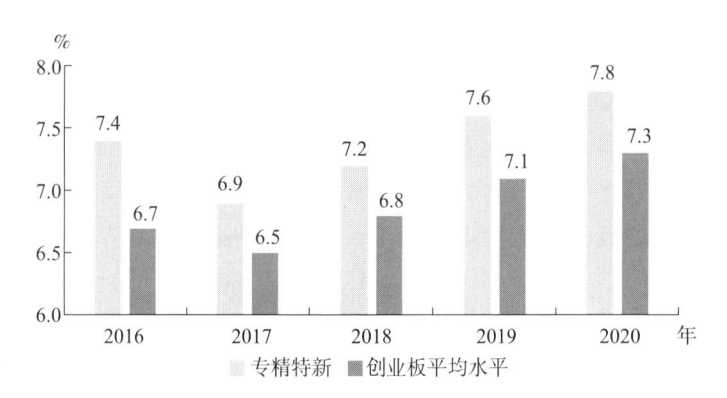

图1-7 2016—2020年"小巨人"企业与平均研发投入占比

（资料来源：赛迪研究院整理）

此外，我国应用基础研究服务中小企业能力不足，专精特新中小企业在成长过程中呈现出成长乏力现象，一个重要原因是应用基础研究发展机制跟不上企业发展要求。一方面，我国尚未形成基础研究支撑体系；另一方面，我国尚未形成成熟的产学研用融合的协同创新体系，技术创新协作模式和利益分配机制尚不清晰，科技成果转化不畅。应用基础研究方面的短板导致我国在重点领域的研究难以突破，专精特新中小企业在国际上的长期竞争力面临不确定性。

（三）大中小企业融通发展需进一步加快

一方面，大企业与中小企业的合作意愿较弱，大企业从自身利益出发，更愿意与具有资金、技术等资源或渠道优势的其他大企业合作。另一方面，相应地鼓励大企业与中小企业合作的激励手段有待进一步丰富。

各地对中小企业科技创新共性问题重视不够，基础性和行业共性问题缺乏统一的服务机构，中小企业常面临"从头干"问题，创新发展基础平台搭建有待增强。创新生态体系的不完善也带给专精特新中小企业带动能力不强、持续成长面临更多不确定性等问题，使得已认定企业在创新协作和产业配套方面存在不足。

（四）企业数字化转型水平需进一步提升

由于数字化转型投资周期长、成本高，部分专精特新中小企业在技术、资金、人才等方面相对匮乏，试错成本和转型风险较高，中小企业"数字鸿沟"有扩大趋势。具体来看，中小企业数字化转型障碍体现在企业数字化认知不足、技术基础较弱、融资困难、人才匮乏等方面。第一，中小企业缺乏对数字技术应用前景的认识，也存在对数字化转型风险的忧虑，在数字化转型方面无从下手，"不愿转"和"不会转"问题突出。而且，中小企业数字化转型基础薄弱，信息化程度不足，直接迈向数字化存在技术应用和业务适配上的短板。第二，中小企业数字化转型面临资金和人才的双重困难，中小企业的融资约束和人才短板限制了数字化转型。

四、中小企业向专精特新发展的对策举措

（一）长期聚焦主业，坚定不移走专精特新之路

中小企业应坚持聚焦细分市场，坚持专业化发展战略，长期专注并深耕产业链中的某个环节或某类产品，为大企业、大项目提供关键零部件、元器件和配套产品，或直接面向市场并具有竞争优势的自有品牌产品，走专精特新发展之路。

（二）加大创新投入力度，针对短板弱项提升持续创新能力

创新是企业发展的必由之路，唯创新者进、唯创新者强、唯创新者胜。符合条件的中小企业应当积极参与重大科技专项和工程，加强核心技

术攻关，加快技术成果产业化运用进程，提升重点产业链配套协作能力。同时，瞄准前沿必争领域，发挥中小企业机动灵活、单点深入的优势，加强前沿技术的研发、成果转化和产业化，抢占未来新兴产业的制高点。

（三）加强质量品牌建设，培育发展动能

大力弘扬工匠精神，全面提升企业质量管理水平。中小企业应实施精益化管理，聚焦产业链配套和支撑环节，做专做精产品，实施品牌战略，提升品牌价值和海外影响力，加快新技术、新模式与传统业务模式深度融合，打造企业质量和品牌竞争的新优势。

（四）加强合规化建设，提升抗风险能力

有效的合规管理有助于企业应对不确定性、风险和机会，是企业核心竞争力的重要组成部分。中小企业应苦练"内功"，增强合规意识，建立合规的管理组织架构、制度体系和运行机制，提升合规管理的能力，提升公司治理水平和抗风险能力。

（五）加快企业数字化、智能化转型

数字化转型是中小企业适应产业链重构的必然选择，有利于企业降低成本、提高效率，以及加速转型升级。中小企业应主动适应数字化浪潮，促进数字化发展、网络化协同、智能化升级，加快工业互联网落的应用，推动企业业务"上云"，积极融入5G、工业互联网的应用场景和产业生态，更快、更好、更多地拥抱数字经济。

第二章

专精特新中小企业申报指引

我国中小企业数量庞大，各地中小企业的规模、所处行业等因素也不尽相同，之前各地专精特新中小企业申报程序存在差异，导致其质量参差不齐。2022年6月1日，工业和信息化部印发《优质中小企业梯度培育管理暂行办法》（以下简称《办法》），提出了对专精特新中小企业、专精特新"小巨人"企业在全国范围内统一的培育标准。本章将详细分析两种不同类型优质中小企业的申报条件、流程、材料等实际操作内容，为评选优质中小企业提供参考。

第一节　专精特新中小企业申报条件

一、专精特新"小巨人"企业申报条件

国家层面专精特新企业指的是专精特新"小巨人"企业。2022年6月15日，工业和信息化部办公厅印发《关于开展第四批专精特新"小巨人"企业培育和第一批专精特新"小巨人"企业复核工作的通知》（工信厅企业函〔2022〕133号）提出，按照《工业和信息化部关于印发〈优质中小企业梯度培育管理暂行办法〉的通知》（工信部企业〔2022〕63号）要求，不断孵化创新型中小企业，加大省级专精特新中小企业培育力度，并促进其向专精特新"小巨人"企业发展。具体条件如下。

专精特新"小巨人"企业的认定需同时满足专、精、特、新、链、品六个方面的指标。

（一）专业化指标

坚持专业化发展道路，长期专注并深耕于产业链某个环节或某个产品。截至上年末，企业从事特定细分市场时间达到3年以上，主营业务收

入总额占营业收入总额的比重不低于70%，近2年主营业务收入平均增长率不低于5%。

（二）精细化指标

重视并实施长期发展战略，公司治理规范、信誉良好、社会责任感强，生产技术、工艺及产品质量性能国内领先，注重数字化、绿色化发展，在研发设计、生产制造、供应链管理等环节，至少有1项核心业务采用信息系统支撑。取得相关管理体系认证，或产品通过发达国家和地区产品认证（国际标准协会行业认证）。截至上年末，企业资产负债率不高于70%。

（三）特色化指标

技术和产品有自身独特优势，主导产品在全国细分市场占有率达到10%以上，且享有较高知名度和影响力。拥有直接面向市场并具有竞争优势的自主品牌。自主品牌是指主营业务产品或服务具有自主知识产权，且符合下列条件之一的品牌：第一，产品或服务品牌已经在国家知识产权局商标局正式注册；第二，产品或服务已经实现收入。

（四）创新能力指标

满足一般性条件或创新直通条件。

1. 一般性条件，需同时满足以下三项

（1）第一类，上年度营业收入总额在1亿元以上的企业，近2年研发费用总额占营业收入总额的比重不低于3%。第二类，上年度营业收入总额在5000万~1亿元的企业，近2年研发费用总额占营业收入总额的比重不低于6%。第三类，上年度营业收入总额在5000万元以下的企业，同时满足近2年新增股权融资总额（合格机构投资者的实缴额）在8000万元以上，且研发费用总额在3000万元（含）以上，研发人员占企业职工总数的比重在50%（含）以上，如表2-1所示。

表 2-1　申报专精特新"小巨人"企业的分类条件

类别	营业收入	研发经费	其他条件
第一类	1亿元及以上	近2年研发经费支出占营业收入的比重不低于3%	
第二类	5000万~1亿元	近2年研发经费支出占营业收入的比重不低于6%	
第三类	不足5000万元	研发投入经费在3000万元（含）以上	近2年新增股权融资总额（合格机构投资者的实缴额）在8000万元以上，研发人员占企业职工总数的比重在50%（含）以上

资料来源：赛迪研究院整理。

（2）自建或与高等院校、科研机构联合建立研发机构，设立技术研究院、企业技术中心、企业工程中心、院士专家工作站、博士后工作站等。

（3）拥有2项以上与主导产品相关的Ⅰ类知识产权，且实际应用并已产生经济效益。

2. 创新直通条件，满足以下一项即可

（1）近3年获得国家级科技奖励，并在获奖单位中排名前三位。"国家级科技奖励"包括国家科学技术进步奖、国家自然科学奖、国家技术发明奖，以及国防科技奖。

（2）近3年进入"创客中国"中小企业创新创业大赛全国50强企业组名单。"创客中国"中小企业创新创业大赛全国500强、50强企业组名单是指该大赛2021年以来正式发布的名单。

（五）产业链配套指标

位于产业链关键环节，围绕重点产业链实现关键基础技术和产品的产业化应用，发挥"补短板""锻长板""填空白"等重要作用。

（六）主导产品所属领域指标

主导产品原则上属于以下重点领域：从事细分产品市场属于制造业核心基础零部件、元器件、关键软件、先进基础工艺、关键基础材料和产业技术基础；或符合制造强国战略十大重点产业领域；或属于网络强国建设的信息基础设施、关键核心技术、网络安全、数据安全领域等产品。"主导产品"是指企业核心技术在产品中发挥重要作用，且产品收入之和占企业同期营业收入的比重超过50%。

（七）培育标准比较

2018年以来，工业和信息化部共印发五批专精特新"小巨人"企业培育的通知，五次优化专精特新"小巨人"企业申报条件。总体来看，申报条件贴合实际情况，更加精准。

重点领域方面，准入要求被大幅修改。第四批专精特新"小巨人"申报条件在第三批的基础上修改了多项表述：删除"或属于国家和省份重点鼓励发展的支柱和优势产业""或属于产业链供应链关键环节及关键领域'补短板'产品"和"或属于新一代信息技术与实体经济深度融合的创新产品"；将"工业四基"拓展为"工业六基"；增加"或属于网络强国建设的信息基础设施关键核心技术、网络安全、数据安全领域等产品"。

基本条件方面，多个条件有所放宽。第四批在之前的基础上对产品要求有了改动，删除了市场份额和企业管理的相关描述。

专项指标方面，多个条件大幅放宽。经济效益指标中，第二批和第三批申报条件降低了对营业收入总额和净利润增长率指标的要求；创新能力指标中，第二批和第三批申报条件降低了对研发经费、专利数量、参与制（修）相关标准的要求；经营管理指标中，第二批和第三批申报条件对管理体系认证、品牌培育等指标进行了修改，条件略微放宽。

分类条件方面，第一批和第二批申报条件中没有此项，第三批申报条件新增分类条件，根据营业收入总额划分，第四批要求与第三批一致。

第二章 专精特新中小企业申报指引

表 2-2 五批专精特新"小巨人"企业申报条件对比

申报条件		第一批	第二批	第三批	第四批	第五批
	重点领域	(1) 符合《工业"四基"发展目录》所列重点领域，从事细分产品市场的十大重点领域明确的十大重点领域工艺和关键基础材料；(2) 或符合制造强国战略明确的十大重点产业领域，属于产业链图中有关产品；(3) 或属于国家和省份重点鼓励发展的支柱和优势产业	在第一批的基础上增加"或属于产业链供应链关键环节及关键领域'补短板'产品"	在第二批的基础上增加"或围绕重点产业链和产业基础高级化、产业链现代化开展关键基础技术和产品的创新，或属于'工业四基'和'卡脖子'等关键领域中实现信息技术与实体经济深度融合的创新产品"	在第三批的基础上，删除"或属于国家和省份重点鼓励发展的支柱和优势产业"或属于产业链供应链关键环节及关键领域'补短板'产品"和"或属于新一代信息技术与实体经济深度融合的创新产品"；将"工业四基"拓展为"工业六基"；增加"或属于网络强国建设的信息基础设施关键核心技术、网络安全、数据安全领域等产品"	与第四批要求一致
	基本条件	属于各省级中小企业主管部门认定（或重点培育）的专精特新中小企业或拥有被认定为专精特新的中小企业	与第一批要求一致	与第一批要求一致	与第一批要求一致	与第一批要求一致
		(1) 坚持专业化发展战略，长期专注并深耕于产业链中某个环节或某个产品，能为大企业、大项目提供关键零部件、元器件和配套产品，以及专业生产的成套产品；(2) 企业主导产品在国内细分行业中拥有较高的市场份额	与第一批要求一致	(1) 将"以及专业生产的成套产品"修改为"或直接面向市场并具有完全竞争优势的自有品牌"；(2) 删除"企业主导产品在国内细分行业中拥有较高的市场份额"	更改表述"位于产业链关键环节，围绕重点产业链实现关键技术和产品的产业化应用，发挥补短板、锻长板、填空白等重要作用"	与第四批要求一致

29

续表

	第一批	第二批	第三批	第四批	第五批
申报条件	具有持续创新能力，在研发设计、生产制造、市场营销、内部管理等方面不断创新并取得比较显著的效益，具有一定的示范推广价值	与第一批要求一致	与第一批要求一致	与第一批要求一致	与第一批要求一致
基本条件	管理规范，信誉良好，社会责任感强，生产技术、工艺及产品质量性能国内领先。企业重视实施长期发展战略，重视人才队伍建设，核心团队具有较好的专业背景和较强的生产经营能力，有发展成为相关领域国际领先企业的潜力	与第一批要求一致	（1）删除"核心团队具有较好的专业背景和较强的生产经营能力"；（2）新增"注重绿色发展"	与第三批要求一致	与第三批要求一致
	有下列情况之一的企业，不得被推荐：在申请过程中提供虚假信息；近三年发生过安全、质量、环境污染事故；有偷漏税和其他违法违规、失信行为的	与第一批要求一致	与第一批要求一致	与第一批要求一致	与第一批要求一致

第二章 专精特新中小企业申报指引

续表

申报条件	第一批	第二批	第三批	第四批	第五批
经济效益	(1) 上年度企业营业收入在1亿~4亿元；(2) 近2年主营业务收入或净利润的平均增长率达到10%以上；(3) 企业资产负债率不高于70%	将"上年度企业营业收入在1亿~4亿元"修改为"上年度企业营业收入在1亿元以上"	(1) 删除"上年度企业营业收入在1亿~4亿元"；(2) 将"近2年主营业务收入或净利润的平均增长率达到10%以上"修改为"5%"	只保留了"截至上年末，企业资产负债率不高于70%"	与第四批要求一致
专业化程度专项指标	(1) 企业从事特定细分市场时间达到3年及以上，其主营业务收入占本企业营业收入的70%以上；(2) 主导产品享有较高知名度，且细分市场占有率在全省细分市场排名全国名列前茅或产品排全省前3位（如有多个主导产品的，产品之间应有直接关联性）	与第一批要求一致	与第一批要求一致	在第三批的基础上，增加"坚持专业化发展道路，长期专注并深耕于产业链某一环节或某一产品"和"近2年主营业务收入平均增长率不低于5%"，将"主导产品享有较高知名度，且细分市场占有率在全国名列前茅或产品排全省前3位"修改为"技术和产品有自身独特优势，主导产品在全国细分市场占有率达到10%以上"	将第三批要求的"近2年主营业务收入或净利润的平均增长率达到5%以上"改为"近2年主营业务收入平均增长率不低于5%"

31

续表

	第一批	第二批	第三批	第四批	第五批
申报条件					
创新能力专项指标	(1) 近2年企业研发经费支出占营业收入比重在同行业中名列前茅,从事研发和相关技术创新活动的科技人员占企业职工总数的比例不低于15%; (2) 至少获得5项与主要产品相关的发明专利,或15项及以上实用新型专利、外观设计专利; (3) 近2年企业主持或者参与制订至少1项相关业务领域国际标准、国家标准或行业标准。 (4) 企业具有自主知识产权的核心技术和科技成果,具备良好的科技成果转化能力; (5) 企业创新研发任务所必备的技术开发仪器设备条件或创新环境(设立技术研究院、企业技术中心、企业工程中心、博士专家工作站、博士后工作站等)	(1) 将"近2年企业研发经费支出占营业收入比重在同行业中名列前茅"修改为"近2年企业研发经费支出占营业收入比重不低于3%"; (2) 截至2019年底,拥有与主要产品相关的发明专利(含集成电路布图设计专有权)2项或实用新型、外观设计专利5项及以上; (3) 企业具有自主知识产权的核心技术和科技成果,具备良好的科技成果转化能力; (4) 企业或自建或与高等院校、科研机构联合建立技术研发机构,具备完成技术创新任务所必备的技术开发环境(设立技术研究院、企业技术中心、企业工程中心、博士专家工作站、博士后工作站等); (5) 在研发链管理等环节,至少有1项核心业务采用信息系统支撑	(1) 企业拥有与主要产品相关的Ⅰ类知识产权(含集成电路布图设计专有权,下同)2项或Ⅱ类知识产权5项及以上; (2) 自建或与高等院校、科研机构联合建立技术研发机构,设立技术研究院、企业工程中心、博士专家工作站等; (3) 企业在研发设计、生产制造、供应链管理等环节,至少有1项业务采用信息系统支撑	在第三批的基础上,增加"拥有2项以上与主导产品相关的Ⅰ类知识产权","近3年获得国家级科技奖励,并在获奖单位中排名前三"和"近3年进入'创客中国'中小企业创新创业大赛全国50强企业组名单",删除了专利数量的相关要求	在"六、创新能力——研发机构建设情况"中,增加了"自建"选项,在填表层面正式确认了企业自建研发机构是可以被认可的。企业若是自建研发机构,需要提供相应的佐证材料。自建研发机构、获得研究成果及应用领域可以充分对企业研究领域及取得成果及应用情况进行描述说明由300字增加至300字

32

续表

申报条件	第一批	第二批	第三批	第四批	第五批
经营管理专项指标	(1) 企业有完整的精细化管理方案，取得相关的精细化管理体系认证，采用先进的企业管理方式，如5S管理、卓越绩效管理、ERP、CRM、SCM等；(2) 企业实施系统化品牌培育战略，并取得良好绩效，拥有自主品牌，获得省级及以上名牌产品或驰名商标1项以上；(3) 企业产品生产执行标准达到国际或国内先进水平，或是产品通过发达国家和地区的产品认证（国际标准协会行业认证）；(4) 企业已建立规范化的产品追溯体系或评测机制和产品的顾客满意度	(1) 企业有完整的精细化管理方案，取得相关质量管理体系认证；(2) 企业实施系统化品牌培育战略，拥有自主品牌（含非物质文化遗产、地理标志商标等）；(3) 企业产品生产执行国际、国内、行业标准，或是产品通过发达国家和地区产品认证（国际标准协会行业认证）	(1) 企业拥有自主品牌；(2) 取得相关管理体系认证，或产品生产执行国际、国内、行业标准，或是产品通过发达国家和地区产品认证（国际标准协会行业认证）	在第三批的基础上，修改了"拥有直接面向市场并具有竞争优势的自主品牌"	与第四批要求一致
分类条件			上年度营业收入在1亿元及以上，且近2年研发经费支出占营业收入的比重不低于3%	与第三批要求一致	在第三批要求的基础上修改为"上年度营业收入入≥1亿元，近2年研发费用总额占营业收入总额的比重均≥3%"

续表

申报条件	第一批	第二批	第三批	第四批	第五批
分类条件			上年度营业收入为5000万（含）~1亿元（不含），且近2年研发经费支出占营业收入的比重不低于6%	与第三批要求一致	
			上年度营业收入不足5000万元，同时满足近2年内新增股权融资额（实缴）8000万元（含）以上，且研发投入经费3000万元（含）以上，研发人员占企业职工总数的比例达50%（含）以上，创新成果属于"重点领域"细分行业关键技术，并有重大突破	与第三批要求一致	将第三批要求"拥有有效发明专利2项或实用新型专利、外观设计专利、软件著作权5项及以上"修改为"拥有2项以上与主导产品相关的Ⅰ类知识产权，实际应用并产生经济效益"

资料来源：赛迪研究院整理

二、专精特新中小企业申报条件

省市层面的专精特新企业主要指的是专精特新中小企业,在《办法》中对专精特新中小企业的评定标准做了统一,自 2022 年 8 月 1 日起实施,而 8 月 1 日前已被省级中小企业主管部门认定的专精特新中小企业继续有效。本书对《办法》中的专精特新中小企业评定标准和各省市的评定指标分别进行了详细的分析。

(一)国家标准

1. 认定条件

同时满足以下 4 项条件即被视为满足认定条件。第一,从事特定细分产品市场时间达到 2 年以上。第二,上年度研发费用总额不低于 100 万元,且占营业收入总额的比重不低于 3%。第三,上年度营业收入总额在 1000 万元以上,或上年度营业收入总额在 1000 万元以下,但近 2 年新增股权融资总额(合格机构投资者的实缴额)达到 2000 万元以上。第四,评价得分达到 60 分以上或满足下列条件之一:近 3 年获得过省级科技奖励[①],并在获奖单位中排名前三位;或获得国家级科技奖励,并在获奖单位中排名前五位;近 2 年研发费用总额均值在 1000 万元以上;近 2 年新增股权融资总额(合格机构投资者的实缴额)在 6000 万元以上;近 3 年进入"创客中国"中小企业创新创业大赛全国 500 强企业组名单。

2. 评价指标

包括专业化、精细化、特色化和创新能力 4 类 13 个指标,评价结果依分值计算,满分为 100 分(表 2-3)。

(1)专业化指标(满分 25 分)

①上年度主营业务收入总额占营业收入总额比重(满分 5 分):第一类,80%以上(5 分);第二类,70%~80%(3 分);第三类,60%~70%(1 分);第四类,60%以下(0 分)。

[①] "省级科技奖励"包括各省、自治区、直辖市科学技术奖的一、二、三等奖。

②近 2 年主营业务收入平均增长率（满分 10 分）：第一类，10%以上（10 分）；第二类，8%~10%（8 分）；第三类，6%~8%（6 分）；第四类，4%~6%（4 分）；第五类，0~4%（2 分）；第六类，0 以下（0 分）。

③从事特定细分市场年限（满分 5 分）：每满 2 年得 1 分，最高不超过 5 分。

④主导产品所属领域情况（满分 5 分）：第一类，在产业链供应链关键环节及关键领域"补短板""锻长板""填空白"取得实际成效（5 分）；第二类，属于工业"六基"领域、中华老字号名录或企业主导产品服务关键产业链重点龙头企业（3 分）；第三类，不属于以上情况（0 分）。

（2）精细化指标（满分 25 分）

①数字化水平（满分 5 分）：第一类，三级以上（5 分）；第二类，二级（3 分）；第三类，一级（0 分）。

②质量管理水平（每满足一项加 3 分，最高不超过 5 分）：第一类，获得省级以上质量奖荣誉；第二类，建立质量管理体系，获得 ISO 9001 等质量管理体系认证证书；第三类，拥有自主品牌；第四类，参与制修订标准。

③上年度净利润率（满分 10 分）：第一类，10%以上（10 分）；第二类，8%~10%（8 分）；第三类，6%~8%（6 分）；第四类，4%~6%（4 分）；第五类，2%~4%（2 分）；第六类，2%以下（0 分）。

④上年度资产负债率（满分 5 分）：第一类，50%以下（5 分）；第二类，50%~60%（3 分）；第三类，60%~70%（1 分）；第四类，70%以上（0 分）。

（3）特色化指标（满分 15 分）

由省级中小企业主管部门结合本地产业状况和中小企业发展实际，自主设定 1~3 个指标评价。

（4）创新能力指标（满分 35 分）

①与企业主导产品相关的有效知识产权数量（满分 10 分）：第一类，

Ⅰ类高价值知识产权 1 项以上①（10 分）；第二类，自主研发Ⅰ类知识产权 1 项以上（8 分）；第三类，Ⅰ类知识产权 1 项以上②（6 分）；第四类，Ⅱ类知识产权 1 项以上③（2 分）；第五类，无（0 分）。

②上年度研发费用投入（满分 10 分）：第一类，研发费用总额达 500 万元以上或研发费用总额占营业收入总额的比重在 10% 以上（10 分）；第二类，研发费用总额为 400 万~500 万元或研发费用总额占营业收入总额的比重在 8%~10%（8 分）；第三类，研发费用总额为 300 万~400 万元或研发费用总额占营业收入总额的比重在 6%~8%（6 分）；第四类，研发费用总额为 200 万~300 万元或研发费用总额占营业收入总额的比重在 4%~6%（4 分）；第五类，研发费用总额为 100 万~200 万元或研发费用总额占营业收入总额的比重在 3%~4%（2 分）；第六类，不属于以上情况（0 分）。

③上年度研发人员占比（满分 5 分）：第一类，20% 以上（5 分）；第二类，10%~20%（3 分）；第三类，5%~10%（1 分）；第四类，5% 以下（0 分）。

④建立研发机构级别（满分 10 分）：第一类，国家级（10 分）；第二类，省级（8 分）；第三类，市级（4 分）；第四类，市级以下（2 分）；第五类，未建立研发机构（0 分）。

---

① "Ⅰ类高价值知识产权"须符合以下条件之一：第一，在海外有同族专利权的发明专利或在海外取得收入的其他Ⅰ类知识产权，其中专利限 G20 成员、新加坡，以及欧洲专利局经实质审查后获得授权的发明专利；第二，维持年限超过 10 年的Ⅰ类知识产权；第三，实现较高质押融资金额的Ⅰ类知识产权；第四，获得国家科学技术奖或中国专利奖的Ⅰ类知识产权。

② "Ⅰ类知识产权"包括发明专利（含国防专利）、植物新品种、国家级农作物品种、国家新药、国家一级中药保护品种、集成电路布图设计专有权（均不包含转让未满 1 年的知识产权）。

③ "Ⅱ类知识产权"包括与主导产品相关的软件著作权（不含商标）、授权后维持超过 2 年的实用新型专利或外观设计专利（均不包含转让未满 1 年的知识产权）。

表 2-3 《办法》中专精特新中小企业评价指标分值统计

一级指标	二级指标	等级					
		第一类	第二类	第三类	第四类	第五类	第六类
专业化指标（满分25分）	上年度主营业务收入总额占营业收入总额比重（满分5分）	80%以上（5分）	70%~80%（3分）	60%~70%（1分）	60%以下（0分）		
	近2年主营业务收入平均增长率（满分10分）	10%以上（10分）	8%~10%（8分）	6%~8%（6分）	4%~6%（4分）	0~4%（2分）	0以下（0分）
	从事特定细分市场年限（满分5分）	每满2年得1分，最高不超过5分					
	主导产品所属领域情况（满分5分）	在产业链供应链关键环节及关键领域"补短板""锻长板""填空白"取得实际成效（5分）	属于工业"六基"领域、中华老字号名录或企业主导产品服务关键产业链重点龙头企业（3分）	不属于以上情况（0分）			
精细化指标（满分25分）	数字化水平（满分5分）	三级以上（5分）	二级（3分）	一级（0分）			
	质量管理水平（每满足一项加3分，最高不超过5分）	获得省级以上质量奖荣誉	建立质量管理体系，获得ISO 9001等质量管理体系认证证书	拥有自主品牌	参与制修订标准		
	上年度净利润率（满分10分）	10%以上（10分）	8%~10%（8分）	6%~8%（6分）	4%~6%（4分）	2%~4%（2分）	2%以下（0分）
	上年度资产负债率（满分5分）	50%以下（5分）	50%~60%（3分）	60%~70%（1分）	70%以上（0分）		
特色化指标（满分15分）	地方特色指标（满分15分）	由省级中小企业主管部门结合本地产业状况和中小企业发展实际，自主设定1~3个指标评价					

续表

一级指标	二级指标	等级					
		第一类	第二类	第三类	第四类	第五类	第六类
创新能力指标（满分35分）	与企业主导产品相关的有效知识产权数量（满分10分）	I类高价值知识产权1项以上（10分）	自主研发I类知识产权1项以上（8分）	I类知识产权1项以上（6分）	II类知识产权1项以上（2分）	无（0分）	不属于以上情况（0分）
	上年度研发费用投入（满分10分）	研发费用总额在500万元以上或研发费用总额占营业收入总额的比重在10%以上（10分）	研发费用总额为400万~500万或研发费用总额占营业收入总额的比重在8%~10%（8分）	研发费用总额为300万~400万元或研发费用总额占营业收入总额的比重在6%~8%（6分）	研发费用总额为200万~300万元或研发费用总额占营业收入总额的比重在4%~6%（4分）	研发费用总额为100万~200万元或研发费用总额占营业收入总额的比重在3%~4%（2分）	
	上年度研发人员占比（满分5分）	20%以上（5分）	10%~20%（3分）	5%~10%（1分）	5%以下（0分）		
	建立研发机构级别（满分10分）	国家级（10分）	省级（8分）	市级（4分）	市级以下（2分）	未建立研发机构（0分）	

资料来源：赛迪研究院整理。

（二）省市标准

各省市对专精特新中小企业的申报条件在方向上大致相同，主要包含基本条件、限制条件和专项条件三个方面，在各个条件的具体内容上存在差异。本部分对各地在基本条件、限制条件和专项条件三个方面的内容进行归纳。

1. 重点领域

一般而言，申报企业的发展重点需符合下列要求之一：主导产品和技术符合《工业"四基"发展目录》所列重点领域，从事细分产品市场属于制造业核心基础零部件、先进基础工艺和关键基础材料；或属于国家和省重点鼓励发展的支柱和优势产业［例如，广东省优先遴选战略性新兴产业、核心基础零部件（元器件）、关键基础材料、先进基础工业、产业技术基础，以及基础软件等领域的中小企业；北京市优先支持十大高精尖产业和硬科技产业；上海市要求申报企业符合本市城市战略定位和产业发展政策，优先支持"3+6"重点产业体系］。

2. 基本条件

第一，划型标准。大部分省市要求申报企业应为具有独立法人资格的中型、小型和微型企业，企业的划型按照《中小企业划型标准规定》（工信部联企业〔2011〕300号）执行（表2-4）。

第二，注册地址及成立年限。申报企业需在当地工商局注册登记，连续经营2年或3年以上。例如，北京市要求企业在北京市内工商局注册登记并连续经营2年以上，河南省要求企业在省内工商局注册登记存续3年以上，山西省要求企业于2019年1月1日前在省内登记注册，天津市要求企业于2018年9月30日前在市内工商局注册登记（表2-5）。

表2-4 《中小企业划型标准规定》指标要求

行业名称	指标名称	计量单位	中型	小型	微型
农、林、牧、渔业	营业收入（Y）	万元	$500 \leq Y < 20000$	$50 \leq Y < 500$	$Y < 50$
工业	从业人员（X）	人	$300 \leq X < 1000$	$20 \leq X < 300$	$X < 20$
	营业收入（Y）	万元	$2000 \leq Y < 40000$	$300 \leq Y < 2000$	$Y < 300$
建筑业	营业收入（Y）	万元	$6000 \leq Y < 80000$	$300 \leq Y < 6000$	$Y < 300$
	资产总额（Z）	万元	$5000 \leq Z < 80000$	$300 \leq Z < 5000$	$Z < 300$
批发业	从业人员（X）	人	$20 \leq X < 200$	$5 \leq X < 20$	$X < 5$
	营业收入（Y）	万元	$5000 \leq Y < 40000$	$1000 \leq Y < 5000$	$Y < 1000$
零售业	从业人员（X）	人	$50 \leq X < 300$	$10 \leq X < 50$	$X < 10$
	营业收入（Y）	万元	$500 \leq Y < 20000$	$100 \leq Y < 500$	$Y < 100$
交通运输业	从业人员（X）	人	$300 \leq X < 1000$	$20 \leq X < 300$	$X < 20$
	营业收入（Y）	万元	$3000 \leq Y < 30000$	$200 \leq Y < 3000$	$Y < 200$
仓储业	从业人员（X）	人	$100 \leq X < 200$	$20 \leq X < 100$	$X < 20$
	营业收入（Y）	万元	$1000 \leq Y < 30000$	$100 \leq Y < 1000$	$Y < 100$
邮政业	从业人员（X）	人	$300 \leq X < 1000$	$20 \leq X < 300$	$X < 20$
	营业收入（Y）	万元	$2000 \leq Y < 30000$	$100 \leq Y < 2000$	$Y < 100$
住宿业	从业人员（X）	人	$100 \leq X < 300$	$10 \leq X < 100$	$X < 10$
	营业收入（Y）	万元	$2000 \leq Y < 10000$	$100 \leq Y < 2000$	$Y < 100$
餐饮业	从业人员（X）	人	$100 \leq X < 300$	$10 \leq X < 100$	$X < 10$
	营业收入（Y）	万元	$2000 \leq Y < 10000$	$100 \leq Y < 2000$	$Y < 100$

续表

行业名称	指标名称	计量单位	中型	小型	微型
信息传输业	从业人员（X）	人	100≤X<2000	10≤X<100	X<10
	营业收入（Y）	万元	1000≤Y<100000	100≤Y<1000	Y<100
软件和信息技术服务业	从业人员（X）	人	100≤X<300	10≤X<100	X<10
	营业收入（Y）	万元	1000≤Y<10000	50≤Y<1000	Y<50
房地产开发经营	营业收入（Y）	万元	1000≤Y<200000	100≤Y<1000	Y<100
	资产总额（Z）	万元	5000≤Z<10000	2000≤Z<5000	Z<2000
物业管理	从业人员（X）	人	300≤X<1000	100≤X<300	X<100
	营业收入（Y）	万元	1000≤Y<5000	500≤Y<1000	Y<500
租赁和商务服务业	从业人员（X）	人	100≤X<300	10≤X<100	X<10
	资产总额（Z）	万元	8000≤Z<120000	100≤Z<8000	Z<100
其他未列明行业	从业人员（X）	人	100≤X<300	10≤X<100	X<10

表2-5　2021年以来地方专精特新中小企业基本条件梳理[①]

序号	省份	文件名称	企业注册时间或存续时间	划型标准
1	北京	《关于开展2022年北京市专精特新中小企业自荐工作的通知》	2年以上	
2	上海	《关于组织推荐2021年度专精特新企业的通知》	3年以上	
3	天津	《2021年度天津市专精特新中小企业申报（复评）指南》	2018年9月30日前	符合《中小企业划型标准规定》
4	重庆	《关于开展2022年市级专精特新中小企业申报工作的通知》	2019年12月31日及之前	符合《中小企业划型标准规定》
5	黑龙江省	《关于组织申报2022年黑龙江省专精特新中小企业工作的通知》	3年以上	符合《中小企业划型标准规定》
6	辽宁省	《关于开展2022年度专精特新企业梯度培育工作的通知》	2年以上	符合《中小企业划型标准规定》
7	吉林省	《关于组织开展2021年吉林省专精特新中小企业认定工作的通知》	1年以上	符合《中小企业划型标准规定》

[①] 2021年以来，湖南省、江苏省没有出台专精特新中小企业申报通知，故以专精特新"小巨人"的申报通知代替。

续表

序号	省份	文件名称	企业注册时间或存续时间	划型标准
8	河北省	《关于开展2022年第一批省级专精特新中小企业认定工作的通知》		符合《中小企业划型标准规定》
9	河南省	《河南省专精特新中小企业认定管理办法》	3年以上	
10	湖北省	《关于做好专精特新中小企业入库培育工作的通知》	2年以上	符合《中小企业划型标准规定》
11	湖南省	关于印发《湖南省专精特新"小巨人"企业培育计划（2021—2025）》的通知	3年以上	符合《中小企业划型标准规定》
12	山东省	《山东省专精特新中小企业认定管理办法》	3年以上	已公布为市级专精特新中小企业
13	山西省	《关于开展2021年省级中小微企业发展专项资金专精特新中小企业项目申报工作的通知》	2019年1月1日前	
14	陕西省	《陕西省专精特新中小企业认定管理办法》	3年以上	符合《中小企业划型标准规定》
15	安徽省	《关于开展2021年度安徽省专精特新中小企业培育工作的通知》	2年以上	具有独立法人资格、规模以上的中小工业企业及生产性服务业企业（软件信息技术服务、节能环保服务等）
16	浙江省	《关于组织2021年度浙江省专精特新中小企业和隐形冠军企业申报遴选工作的通知》		符合《中小企业划型标准规定》
17	江苏省	《关于组织开展2019年省级专精特新"小巨人"企业申报推荐工作的通知》		
18	福建省	《关于开展2021年福建省专精特新中小企业认定申报工作的通知》	3年以上	
19	广东省	《关于组织开展2021年专精特新中小企业遴选工作的通知》		符合《中小企业划型标准规定》
20	海南省	《关于开展2022年省级专精特新中小企业申报工作的通知》	3年以上	符合《中小企业划型标准规定》

续表

序号	省份	文件名称	企业注册时间或存续时间	划型标准
21	四川省	《关于组织开展2021年度四川省专精特新中小企业培育工作》	3年以上	具有健全的组织机构、管理制度和独立的财务核算制度，企业经营状况良好，创新能力强、市场竞争优势突出的中小企业
22	云南省	《关于开展2021年度省级专精特新"成长"企业培育工作的通知》		符合《中小企业划型标准规定》
23	贵州省	《关于申报贵州省2022年专精特新中小企业的通知》		符合《中小企业划型标准规定》
24	青海省	《青海省专精特新中小企业认定管理办法》	3年以上	符合《中小企业划型标准规定》
25	甘肃省	《甘肃省专精特新中小企业认定综合管理办法》	3年以上	
26	江西省	《江西省专精特新中小企业认定管理办法》	2年以上	符合《中小企业划型标准规定》
27	内蒙古自治区	《内蒙古自治区专精特新中小企业认定管理办法（征求意见稿）》	2年以上	符合《中小企业划型标准规定》
28	宁夏回族自治区	《关于建立专精特新后备企业培育库的通知》	2年以上	符合《中小企业划型标准规定》
29	新疆维吾尔自治区	《关于开展2021年度自治区专精特新中小企业认定工作的通知》	2年以上	符合《中小企业划型标准规定》
30	西藏自治区	《西藏自治区专精特新中小企业认定管理办法》	2年以上	符合《中小企业划型标准规定》
31	广西壮族自治区	《关于做好2021年度专精特新中小企业培育工作的通知》	2年以上	符合《中小企业划型标准规定》

资料来源：赛迪研究院整理。

3. 限制条件

各地对申报企业的限制条件大致相同，主要体现在三个方面：在申报或复核过程中提供虚假信息的；近3年发生过重大安全、质量、环境污染事故的；近3年有偷税、漏税行为，以及其他重大违法违规行为的。

4. 专项条件

（1）经济效益

经济效益指标主要包括营业或销售收入、净利润、主营业务收入或净利润的平均增长率、资产负债率等。其中，营业收入指标的最低要求需满足500万元以上（云南、黑龙江），最高要求需满足5000万元以上（江苏、福建），大部分地区要求1000万~2000万元；净利润指标最高要求近2年企业净利润累计不低于600万元（北京），大部分地区对此项没有要求；增长率指标要求近2年主营业务收入或净利润的平均增长率最低大于0（河北、湖北、四川、云南、青海、江西、广西），最高达到15%以上（广东），大部分地区要求5%或10%；资产负债率的最低要求不高于80%（黑龙江、河北、湖北、四川、贵州），最高要求不高于50%（西藏），其他大部分地区要求不高于70%（表2-6）。

表2-6 地方专精特新中小企业经济效益条件梳理①

序号	省份	营业或销售收入/万元	净利润/万元	近2年主营业务收入或净利润的平均增长率/%	资产负债率/%
1	北京	1500	近2年企业净利润累计不低于600	10	
2	上海	1000		5	
3	天津	1000		5	70
4	重庆	2000			
5	黑龙江省	500		5	80
6	辽宁省	1500		2	70
7	吉林省	1000			
8	河北省	3000		大于0	80
9	河南省	1000		10	
10	湖北省	3000		大于0	80
11	湖南省	制造业为3000，软件和信息技术服务业为2000		制造业为10，软件和信息技术服务业为15	70

① 2021年以来，湖南省、江苏省没有出台专精特新中小企业申报通知，故以专精特新"小巨人"的培育指标替代。

续表

序号	省份	经济效益			
		营业或销售收入/万元	净利润/万元	近2年主营业务收入或净利润的平均增长率/%	资产负债率/%
12	山东省	1000		10	
13	山西省	1000（新模式、新业态企业、非物质文化遗产企业为800）	大于0	营业收入5000万元以下为8；营业收入5000万~10000万元为6；营业收入超过1亿元为5	70
14	陕西省	1500		5	60
15	安徽省			2019年为10（2020年不做要求）	
16	浙江省			5	
17	江苏省	5000		制造业为10	
18	福建省	5000	大于0	10	
19	广东省	2000	大于0	15	
20	海南省	1000		10	
21	四川省	1000		大于0	80
22	云南省	500		大于0	70
23	贵州省	2000（民族工艺品企业为1000）			80
24	青海省	1000		大于0	70
25	甘肃省	2000		10	70
26	江西省	1000		大于0	
27	内蒙古自治区	2000		10	
28	宁夏回族自治区	1000		5	70
29	新疆维吾尔自治区	1000		5	
30	西藏自治区	1000		10	50
31	广西壮族自治区	2000		大于0	70

资料来源：赛迪研究院整理。

（2）专业化程度

专业化程度指标包括从事特定细分产品市场时间、主营业务收入占本企业营业收入比重的最低值、细分产品市场占有率排名等。其中，从事特定细分产品市场时间最低要求 2 年及以上（天津、黑龙江、辽宁、河北、山东、宁夏、广西），最高要求 3 年及以上（湖北、湖南、陕西、浙江、福建、云南、甘肃）；主营业务收入占本企业营业收入比重的最低要求 50%（北京、黑龙江、吉林、山西、海南、内蒙古），最高要求 75%（广东），大部分地区要求 60% 或 70%；细分市场占有率排名的最低要求为国内前 30 或省内前 10（湖南），最高要求为国内前 10 或省内前 3（福建）。另外，北京、天津、黑龙江、辽宁、河南、湖北、湖南、山东、山西、陕西、安徽、广东、新疆、广西等 14 个省份要求企业需要为大企业、大项目提供关键零部件、元器件和配套产品，以及专业生产的成套产品（表 2-7）。

表 2-7　2021 年以来地方专精特新中小企业专业化程度条件梳理①

序号	省份	从事特定细分产品市场时间	主营业务收入占本企业营业收入比重的最低值/%	细分产品市场占有率排名	是否为大企业、大项目提供配套产品
1	北京		50		是
2	上海		70		
3	天津	2 年及以上	70		是
4	重庆		60		
5	黑龙江省	2 年及以上	50		是
6	辽宁省	2 年及以上	60		是
7	吉林省		50		
8	河北省	2 年及以上	60		
9	河南省		70		是
10	湖北省	3 年及以上	70		是
11	湖南省	3 年及以上	70	国内前 30 或省内前 10	是

① 2021 年以来，湖南省、江苏省没有出台专精特新中小企业申报通知，故以专精特新"小巨人"的培育指标替代。

续表

序号	省份	专业化程度			是否为大企业、大项目提供配套产品
		从事特定细分产品市场时间	主营业务收入占本企业营业收入比重的最低值/%	细分产品市场占有率排名	
12	山东省	2年及以上	70		是
13	山西省		50		是
14	陕西省	3年及以上	70		是
15	安徽省		60		是
16	浙江省	3年及以上	70		
17	江苏省				
18	福建省	3年及以上	60	国内前10或省内前3	
19	广东省		75		是
20	海南省		50		
21	四川省		60		
22	云南省	3年及以上（信息产业企业2年及以上）			
23	贵州省		70		
24	青海省		70		
25	甘肃省	3年及以上	70		
26	江西省				
27	内蒙古自治区		50	国内前10或区内前5	
28	宁夏回族自治区	2年及以上	70		
29	新疆维吾尔自治区		60		是
30	西藏自治区		60		
31	广西壮族自治区	2年以上	70	国内前15或区内前10	是

资料来源：赛迪研究院整理。

(3) 创新能力

创新能力指标包括研发投入占营业收入或销售收入比重的最低值、发明专利数量、从事研发和相关技术创新活动的科技人员占企业职工总数比例的最低值等。其中，研发投入占营业收入或销售收入比重的最低要求为1%（吉林、河北），最高要求为5%（北京、上海），大部分地区的要求在2%~3%；专利数量的最低要求为发明专利或实用新型专利、外观设计专利、软件著作权中至少有1项（安徽），最高要求为2项发明专利或10项实用新型专利、外观设计专利、软件著作权（广东），大部分地区要求至少有1项发明专利或多项实用新型专利、外观设计专利、软件著作权；从事研发和相关技术创新活动的科技人员占企业职工总数比例的最低要求为5%（内蒙古），最高要求为15%（甘肃、湖南），大部分地区要求10%。另外，北京、上海、天津、黑龙江、吉林、河南、湖北、湖南、浙江、江苏、福建、广东、四川、青海、甘肃、内蒙古、广西等17个省份要求企业需要为大企业、大项目提供关键零部件、元器件和配套产品，以及专业生产的成套产品（表2-8）。

表2-8　2021年以来地方专精特新中小企业创新能力条件梳理[①]

序号	省份	研发投入占营业收入或销售收入比重的最低值/%	发明专利/项	实用新型专利、外观设计专利/项	软件著作权/项	企业是否自建或与高校、科研机构联合建立研发机构	从事研发和相关技术创新活动的科技人员占企业职工总数比例的最低值/%
1	北京	5				是	
2	上海	5	1	3		是	
3	天津	3	1	3		是	10
4	重庆	3	1	1			
5	黑龙江省	2	1	5	1	是	

[①] 2021年以来，湖南省、江苏省没有出台专精特新中小企业申报通知，故以专精特新"小巨人"的培育指标替代。

续表

序号	省份	研发投入占营业收入或销售收入比重的最低值/%	创新能力 - 发明专利/项	创新能力 - 实用新型专利、外观设计专利/项	创新能力 - 软件著作权/项	企业是否自建或与高校、科研机构联合建立研发机构	从事研发和相关技术创新活动的科技人员占企业职工总数比例的最低值/%
6	辽宁省	2	1	2			10
7	吉林省	1	1			是	
8	河北省	1	2				
9	河南省	2，且近2年保持正增长	2	5		是	
10	湖北省	3	1	5		是	
11	湖南省	2	2			是	15
12	山东省	3	1	2	6		10
13	山西省	2.5	1				
14	陕西省	3	5				10
15	安徽省	5	1				
16	浙江省	2	1	3		是	
17	江苏省	3				是	
18	福建省	3	1	5		是	10
19	广东省	3	2	10		是	
20	海南省		1				
21	四川省	2	2	5		是	10
22	云南省	1.5					
23	贵州省		1	3			
24	青海省		1			是	10
25	甘肃省	3	3			是	15
26	江西省	2	1				
27	内蒙古自治区	5	1			是	5

续表

序号	省份	创新能力				企业是否自建或与高校、科研机构联合建立研发机构	从事研发和相关技术创新活动的科技人员占企业职工总数比例的最低值/%
		研发投入占营业收入或销售收入比重的最低值/%	专利情况				
			发明专利/项	实用新型专利、外观设计专利/项	软件著作权/项		
28	宁夏回族自治区	2	1		2		
29	新疆维吾尔自治区	2	1				
30	西藏自治区	2					
31	广西壮族自治区	3				是	8

资料来源：赛迪研究院整理。

(4) 经营管理

经营管理的要求包括是否取得产品生产执行国际、国家、行业标准认证，是否获得相关管理体系认证，是否建立客户满意度评测机制和产品追溯体系，获得品牌称号，参与制定国家标准、行业标准或地方标准，核心业务采用信息系统支撑，等等。其中，北京、天津、黑龙江、辽宁、湖北、湖南、山东、陕西、海南、贵州、甘肃、江西、宁夏、广西等省份要求企业产品生产执行国际、国家、行业标准认证；北京、天津、黑龙江、辽宁、湖北、湖南、山东、山西、陕西、福建、四川、云南、贵州、青海、甘肃、江西、内蒙古、宁夏、新疆、广西等省份要求企业获得相关管理体系认证；北京、上海、黑龙江、辽宁、河北、河南、湖北、湖南、陕西、福建、广东、海南、四川、云南、江西、宁夏、广西等省份要求企业拥有自主品牌；河南、广东、海南、青海、甘肃、西藏等省份要求企业拥有驰名商标；上海、天津、重庆、黑龙江、吉林、河南、山东、山西、浙江、福建、广东、四川、青海、甘肃等省份要求企业参与制定国家标准、行业标准或地方标准至少1件；北京、黑龙江、湖北、云南、青海、广西等省份要求企业至少确保1项核心业务采用信息系统支撑；湖南则要求企业至少确保 2 项核心业务采用信息系统支撑（表 2-9）。

表 2-9　2021 年以来地方专精特新中小企业经营管理条件梳理①

序号	省份	经营管理					
		是否取得产品生产执行国际、国家、行业标准认证	是否获得相关管理体系认证	是否建立客户满意度评测机制和产品追溯体系	获得品牌称号	参与制定国家标准、行业标准或地方标准/件	核心业务采用信息系统支撑
1	北京	是	是		自主品牌		至少 1 项
2	上海				自主品牌	1	
3	天津	是	是	是		1	
4	重庆					1	
5	黑龙江省	是	是	是	自主品牌	1	至少 1 项
6	辽宁省	是	是		自主品牌		
7	吉林省					1	
8	河北省				自主品牌		
9	河南省				省级及以上质量标杆、名牌产品或驰名商标 1 项以上	1	
10	湖北省	是	是		自主品牌		至少 1 项
11	湖南省	是	是		自主品牌		至少 2 项
12	山东省	是	是			1	
13	山西省		是			1	
14	陕西省	是	是		自主品牌		
15	安徽省						
16	浙江省					1	
17	江苏省						
18	福建省		是		自主品牌	1	
19	广东省				"中华老字号"、驰名商标、省级以上名牌产品	1	

① 2021 年以来，湖南省、江苏省没有出台专精特新中小企业申报通知，故以专精特新"小巨人"的培育指标替代。

续表

序号	省份	经营管理					
		是否取得产品生产执行国际、国家、行业标准认证	是否获得相关管理体系认证	是否建立客户满意度评测机制和产品追溯体系	获得品牌称号	参与制定国家标准、行业标准或地方标准/件	核心业务采用信息系统支撑
20	海南省	是			自主品牌、"中华老字号"、驰名商标、省级以上名牌		
21	四川省		是		自主品牌	1	
22	云南省		是		自主品牌		至少1项
23	贵州省	是	是				
24	青海省		是		驰名商标	1	至少1项
25	甘肃省	是	是	是	省级及以上品牌产品、驰名商标1项以上	1	
26	江西省	是	是		自主品牌		
27	内蒙古自治区		是		自治区及以上品牌至少1件		
28	宁夏回族自治区	是	是		自主品牌		
29	新疆维吾尔自治区		是				
30	西藏自治区				自治区级及以上品牌或驰名商标2项以上		
31	广西壮族自治区	是	是		自主品牌		至少1项

资料来源：赛迪研究院整理。

第二节　专精特新中小企业申报流程

第四批专精特新"小巨人"企业由省级专精特新中小企业自愿申请，第一批专精特新"小巨人"企业自愿提出复核申请，目标企业采用网上填报与纸质报送相结合的方式。经审核评估之后，在工信部网站上公示，公示无异议的中小企业可被认定为专精特新"小巨人"企业，并在工信部网站向社会公告。

一、培育和复核

1. 第四批专精特新"小巨人"企业培育

各省、自治区、直辖市及计划单列市、新疆生产建设兵团中小企业主管部门（以下统称"省级中小企业主管部门"）负责组织第五批专精特新"小巨人"企业初核和推荐工作。择优组织符合申报要求企业填写"第五批专精特新'小巨人'企业申请书"，初审核实后提出推荐意见。

2. 第一批专精特新"小巨人"企业复核

复核工作以地方为主，省级中小企业主管部门负责组织符合申报要求的第二批专精特新"小巨人"企业填写"第二批专精特新'小巨人'企业复核申请书"，并结合工作实际提出复核材料要求。要坚持严标准、严把关，通过现场调研与材料审核相结合的方式，按照专精特新"小巨人"企业认定标准逐一审查、核实后，提出推荐意见。对于未通过复核的"小巨人"企业，也需说明原因。复核申请书及佐证材料留存备查。

二、申报方式

申报采取网上填报与纸质报送相结合的方式。

1. 网上填报

第一步，打开网页。企业打开"专精特新"中小企业在线报送系统（zjtx.miit.gov.cn）网页，点击首页右上角的【注册】按钮，进入用户注册页面（图2-1）。

从专精特新到北交所
——新时代中小企业高质量发展的战略选择

图 2-1　登录网站

第二步，用户注册（图 2-2）。

图 2-2　用户注册

第三步，实名认证。注册完成后，页面提示需要实名认证，点击【立即认证】按钮。认证时，用户类型需要选"法人"（图 2-3、图 2-4）。

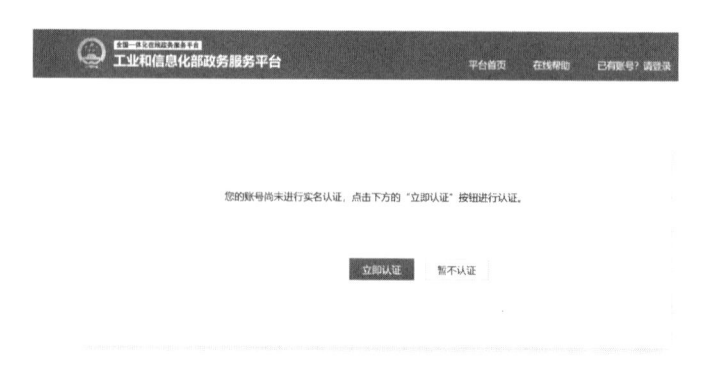

图 2-3　立即认证

图 2-4　实名认证

第四步，账号登录。认证完成后，退出页面，重新输入网站地址"zjtx.miit.gov.cn"，点击右上角【登录】按钮，输入刚刚注册的账号登录（图 2-5）。

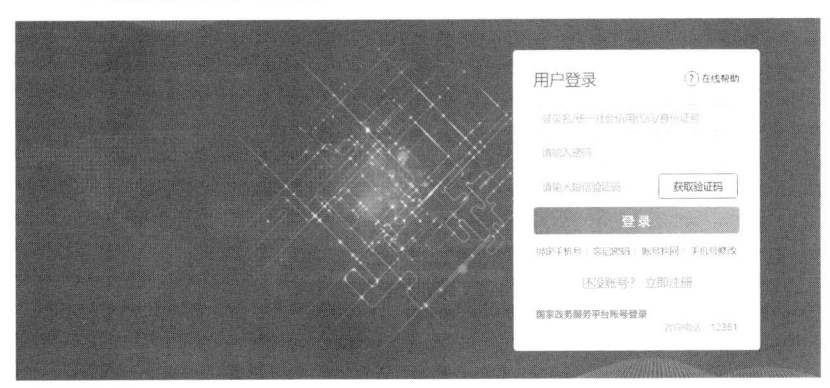

图 2-5　登录账号

第五步，登录后页面显示两个主要功能模块："企业申报"和"企业信息管理"（图 2-6）。

图 2-6　登录后页面

第六步，首次登录系统。点击【申报】按钮后会要求企业填报基本信息，点击确定，将跳转至"企业信息管理"-"企业信息"页面，点击【编辑】按钮完善企业基本信息（图2-7）。

图 2-7　完善企业信息

注意检查"注册地"与"所属行业"的信息准确，其将分别作为区域划分判断依据和行业类型认定依据。

在"所属行业""具体细分领域名称"和"产品"三栏中需要点击【+】按钮拓展至最后一级选择对应项，右框中的"产品"才能被自动获取（图2-8、图2-9）。

图 2-8　检查信息

图 2-9　产品信息

第七步，申报提交。保存企业基本信息后，返回首页或"企业申报"模块，选择对应的梯度提交申报。

图 2-10 申报提交

选择【创新型中小企业】选项，填写创新型中小企业自评表（图2-11）。

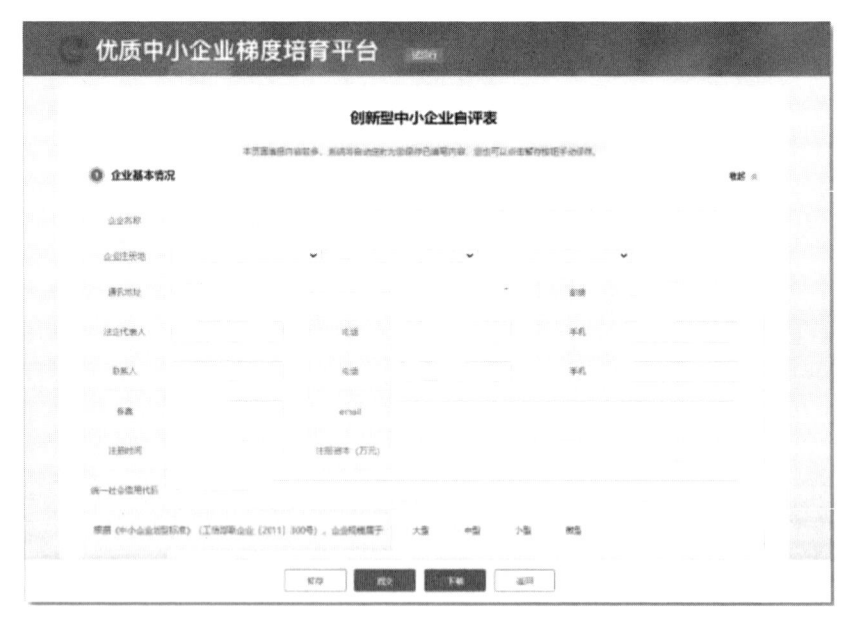

图 2-11 创新型中小企业自评表

选择【专精特新"小巨人"】选项，填写专精特新"小巨人"申请表（图2-12）。

图 2-12 专精特新"小巨人"申请表

申报"专精特新中小企业"需要先完成"数字化水平评测",点击【去自评】按钮即可跳转至"中小企业数字化转型平台"(图 2-13)。

图 2-13 数字化水平评测

用户可以重复测试,"最新一次"的数字化水平评测结果将同步至"专精特新中小企业申请书"中的数字化水平的对应级别(图 2-14)。

图2-14　数字化水平自测

2. 提交纸质材料

企业通过网上填报后，再提交纸质材料（装订成册，一式三份，所有复印件加盖申报单位公章），并现场拷贝电子版。省级中小企业主管部门初审核实后，按要求报送纸质材料（佐证材料无须报送，须妥善保管，留存备查）。各省级中小企业主管部门将加盖公章的正式文件、推荐汇总表、纸质申请书，用邮政特快专递（EMS）寄至工业和信息化部中小企业局。

三、审核公布

1. 专精特新"小巨人"企业

工信部负责组织对各地上报的推荐材料进行审核。根据审核结果，确定并发布专精特新"小巨人"企业名单。同时，定期组织专家重点针对企业规模、创新能力、合规经营、产业导向等方面，视情况对企业进行抽查。

2. 创新型中小企业和专精特新中小企业

对当季度经评价符合条件的中小企业，申报次季度的第一个月在市工业和信息化局网站上公示。公示无异议的中小企业可被认定为创新型中小企业或专精特新中小企业，并通过工业和信息化局网站向社会发布公告。

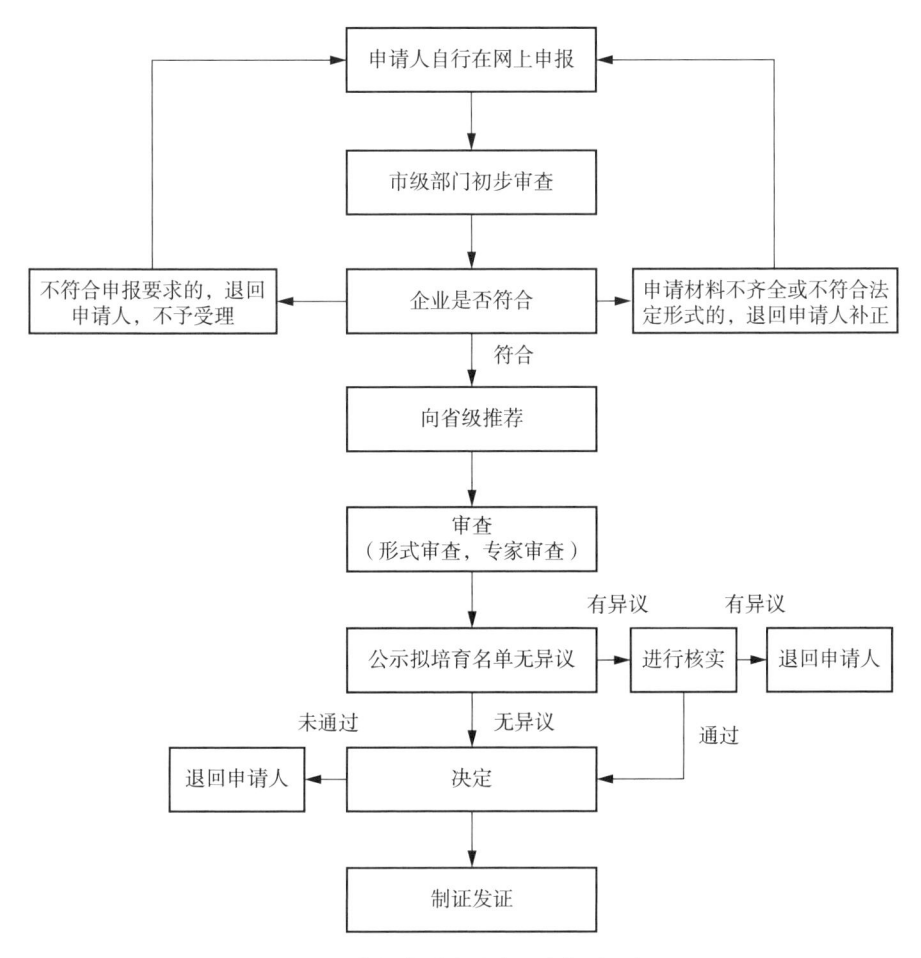

```
        ┌─────────────────────┐
        │  申请人自行在网上申报  │◄──────┐
        └──────────┬──────────┘       │
                   ▼                   │
        ┌─────────────────────┐       │
        │    市级部门初步审查    │       │
        └──────────┬──────────┘       │
                   ▼                   │
┌──────────────┐ ┌──────┐ ┌──────────────────┐
│不符合申报要求的,│◄│企业是否│►│申请材料不齐全或不符合法│
│退回申请人,不予受理│ │符合  │ │定形式的,退回申请人补正│
└──────────────┘ └───┬──┘ └──────────────────┘
                  符合│
                     ▼
             ┌──────────────┐
             │   向省级推荐   │
             └──────┬───────┘
                    ▼
             ┌──────────────┐
             │     审查      │
             │(形式审查,专家审查)│
             └──────┬───────┘
                    ▼
       ┌────────────────┐  有异议  ┌──────┐  有异议  ┌────────┐
       │公示拟培育名单无异议│─────►│进行核实│─────►│退回申请人│
       └───────┬────────┘        └───┬──┘        └────────┘
       未通过  │无异议               通过│
       ┌──────▼──┐ ┌──────┐           │
       │退回申请人│◄│ 决定  │◄──────────┘
       └─────────┘ └───┬──┘
                       ▼
                  ┌────────┐
                  │ 制证发证 │
                  └────────┘
```

图 2-15　省级优质中小企业申报流程概况

专栏 3-1　关于开展 2022 年北京市专精特新中小企业自荐工作的通知[①]

为进一步促进中小企业转型升级、提升中小企业综合竞争力,指导相关企业申报北京市专精特新中小企业,根据《关于推进北京市中小企业专精特新发展的指导意见》等文件要求,我局拟开展 2022 年北京市专精特新中小企业自荐工作,相关事项通知如下:

---

① 参见北京市经济和信息化局,http://jxj.beijing.gov.cn/jxdt/tzgg/202112/t20211230_2579144.html。

一、办理流程

（一）自荐和认定

专精特新中小企业遴选工作主要采用自荐方式进行。符合条件的中小企业，可登录"北京通企服版 App—今日申报—2022'专精特新'中小企业自荐通知—立即申报"入口，通过自荐入口填报相关企业信息及对应材料，自荐成为北京市专精特新中小企业。自荐为敞口申报，全年开放，每季度认定。每季度首日 0：00~末日 24：00 为一个申报周期。

（二）评价

市经济和信息化局统筹负责，委托第三方机构进行评价，每季度评价一次。

（三）公示

对当季度经评价符合条件的中小企业，在申报次季度的第一个月通过市经济和信息化局网站进行公示，公示期为五个工作日。

（四）公告

公示无异议的中小企业被认定为"北京市'专精特新'中小企业"，在市经济和信息化局网站向社会公告。

二、自荐条件

自荐条件分为基本条件、经营条件、创新能力、专业化程度、精细化程度、其他专项条件六类，符合基本条件的即具有申报资格，其余五类条件将根据企业填报的具体情况，由第三方机构进行评价。

（一）基本条件（须同时符合）

1. 在北京市内工商局注册登记并连续经营两年以上，具有独立法人资格的中型、小型和微型企业，企业的划型按照《中小企业划型标准规定》（工信部联企业〔2011〕300号）执行。

2. 符合北京市城市战略定位和产业发展政策，优先支持十大高精尖产业和硬科技产业。

3. 上年度企业主营业务收入占营业收入的比重达50%以上。

4. 近三年无严重违法违规行为、失信行为，且未发生过安全、质量、环境污染事故。

（二）经营条件（须符合下列条件之一）

1. 营业收入。上年度企业营业收入达到 1500 万元及以上。

2. 净利润。近两年企业净利润累计不低于 600 万元。

3. 企业估值。企业最新一轮融资估值不低于 1 亿元。

（三）创新能力

1. 主导产品属于产业链"卡脖子"环节，或属于关键领域"补短板"，或属于填补国内（国际）空白，或有效实现进口产品替代。

2. 获得与主导产品（服务）相关的授权发明专利数量，首台（套）产品认定，新技术新产品的数量（包括在研创新药、改良型新药和生物类似药Ⅱ期、Ⅲ期临床批件数量和药品批准文号等数量）。

3. 获得与主导产品（服务）相关的其他知识产权数量（如软件著作权，实用新型、外观专利等）。

4. 近两年研发经费支出占营业收入的比重均不低于 5%。

5. 上一年度研发费用投入不低于 100 万元。

（四）专业化程度

1. 主导产品通过发达国家和地区的认证（国际标准协会行业认证）。

2. 企业拥有自主品牌。

3. 企业为龙头企业、大企业或重点工程项目提供配套产品（服务），并签订合同协议。

（五）精细化程度

1. 企业获得技术、质量、工程、环保、安全等资质或资格认定。

2. 企业至少有 1 项核心业务采用信息系统支撑，或业务系统云端迁移。

（六）其他专项条件

1. 近两年主营业务平均增长率达 10%以上，或近两年净利润平均增长率达 10%以上。

2. 近两年企业主持或参与制（修）订相关领域国际标准、国家标准、行业标准或地方标准数量，或近两年主持或参与国家重大科研课题数量。

3. 企业自建或与高校、科研机构联合建立研发机构（技术研究院、企业技术中心、企业工程中心、院士专家工作站、博士后工作站等）。

4. 有上市计划（已向证监局提交 IPO 报辅申请并获受理，或已签订保荐机构）（新三板除外）。

三、管理服务

（一）北京市专精特新中小企业称号有效期为三年，称号到期前由市经济和信息化局组织重新认定，符合条件的对其称号有效期进行更新，并进行公示。

（二）有效期内的北京市专精特新中小企业应积极配合市经济和信息化局及有关部门做好监督管理、信息报送等工作，并对其报送信息的真实性与准确性负责。

（三）有效期内的北京市专精特新中小企业发生更名、注册地址变更等重大变化，应在三个月内报告变化情况。经市经济和信息化局复核后，符合认定条件的，其北京市专精特新中小企业称号及有效期不变。

（四）已认定的北京市专精特新中小企业有下列行为之一的，取消其称号：

1. 在有效期内发现有虚假申报或存在违法违规行为的，一经查实，取消其北京市专精特新中小企业称号，且三年内不得再次申报。

2. 未按要求及时填报企业信息，并经提醒后仍未按要求填报的。

（五）根据企业所处行业特征、区域特征，对遴选出的北京市专精特新中小企业，按照《北京市关于促进专精特新中小企业高质量发展的若干措施》予以支持。

四、其他事项

（一）已获得北京市专精特新中小企业认定的无须再次申报。

（二）本项工作未委托任何中介机构代办，任何单位不得以营利为目的开展与企业自荐有关的活动。

（三）自荐方式。采用线上自荐方式，登录"北京通企服版 App（通过各大应用商店下载）—今日申报—《关于开展 2022 年北京市专精特新中小企业自荐工作的通知》—立即申报；企业也可复制登录地址到网页，通过系统分配的账号、密码登录并申报。

（四）自荐周期。2022 年 1 月 1 日—2022 年 12 月 31 日。如发生政策变更或其他特殊情况，以最新通知为准。

专栏3-2　2020年度天津市专精特新中小企业申报（复评）指南[①]

一、申报程序

1. 企业自主申报。市工业和信息化局、市财政局未委托任何第三方机构开展天津市专精特新中小企业的组织申报（复评）工作。符合条件的企业可登录市中小企业公共服务平台（http://www.smetj.cn，网络平台技术支持联系人：盛老师，联系电话：84939168、60260494），在专精特新申报窗口申报，填写"2020年度天津市专精特新中小企业申请（复评）表"。

2. 各区初步审查。各区工业和信息化主管部门会同区财政局按照属地原则，对网上申报（复评）企业进行初步审查，确保符合申报要求，指导初步审查通过企业参考佐证材料，填写申请（复评）表，编制企业申报（复评）材料，确保企业申报（复评）材料的完整性，并由两部门联合行文推荐。

3. 市级评审。市工业和信息化局委托第三方机构组织专家，对各区推荐企业进行评审打分（评审时间、地点另行通知），按企业评审得分确定当年度拟培育专精特新中小企业名单，并结合2021年度中小企业发展专项资金预算情况确定择优奖励企业名单和金额（曾获得专精特新奖励资金的不再重复奖励），并在市工业和信息化局网站进行公示。

4. 审核公布。公示无异议，确定2020年度天津市专精特新中小企业名单及择优奖励企业名单和金额。市工业和信息化局与市财政局联合下发文件，在市工业和信息化局网站公布，并下发各区工业和信息化主管部门与区财政局。

5. 资金拨付。市财政局通过转移支付方式，将奖励资金预算下达受奖励企业所在区财政局，相关区财政局应及时将奖励资金拨付给企业。

6. 动态管理。对市级专精特新中小企业实行动态管理，有效期为3年。2017年（含）以前认定的天津市中小企业专精特新产品均已过有效期，可自愿申请复评，不申请复评的企业不再被列入天津市专精特新中小企业名单。在有效期内，但未获得过奖励资金的天津市专精特新中小企

[①] 参见天津市工业和信息化局网站。

业，可申请奖励资金，申请程序、申报材料、审核流程与初次申请天津市专精特新中小企业相同，并与当年初次申请企业共同评审排名，择优奖励。

7. 监督管理。专精特新中小企业在有效期内被发现为虚假申报或存在违法违规申报行为的，一经查实，将从名单中去除，依照相应法律法规处理，并全额追回奖励资金，两年内不再受理其申报申请；涉及推荐申报国家专精特新"小巨人"企业的，及时报告工业和信息化部，依照有关规定处理。

二、申报要求

1. 申报窗口开放时间为2020年10月21日—11月15日，逾期不予补报。请相关企业务必在规定时间内完成网上申报工作。

2. 申报企业要配合各区主管部门做好初步审查工作，各区推荐企业要按照相关要求编写申报材料。

3. 相关企业申报材料及填报信息必须真实、合法。

第三节　专精特新中小企业申报材料

一、专精特新"小巨人"企业申报材料

各省级中小企业主管部门将加盖公章的正式文件、第四批专精特新"小巨人"企业纸质申请书、推荐汇总表、复核情况汇总表（以上均为一式两份），用邮政特快专递（EMS）寄至工信部。

二、专精特新中小企业申报材料

（一）必选项

一般而言，申报专精特新中小企业的材料必须包括三项：企业营业执照复印件、专精特新中小企业申请表、申报承诺书。

（二）可选项

一般而言，可选项材料是为了佐证申报企业满足申报条件，大体上可分为三类：财务指标材料、创新能力佐证材料、经营管理佐证材料。申报

企业对照自身实际情况提供相关佐证材料。

财务指标材料：近两年经会计师事务所审计的年度审计报告、最新一轮融资估值证明材料。

创新能力证明材料：有效发明专利、有效实用新型专利、有效外观设计专利、新技术新产品认证、软件著作权等一览表及相关佐证材料，研发团队及核心人员主持或参与的国家级重大科研课题一览表及相关佐证材料。

经营管理证明材料：企业产品生产执行标准一览表及产品达到国际标准（或国家标准、行业标准）的佐证材料，企业获得国家有关部门认定的特色称号一览表，企业获得技术、质量、工程、环保、安全等资质或资格认定一览表及对应的佐证材料，主导产品获得的发达国家或地区认证及相关佐证材料，企业数字化赋能及业务系统云端迁移的佐证材料，企业核心业务采用信息系统的佐证材料，驰名商标、著名商标、名牌产品等相关佐证材料。

第三章
专精特新企业挂牌上市

专精特新"小巨人"企业是全国中小企业评定工作中最高等级、最具权威的荣誉称号，是指专注细分市场、创新能力强、市场占有率高、掌握关键核心技术、质量效益优的排头兵企业，相对省、市、区级专精特新中小企业而言，具有更强的竞争优势，在细分行业中占据领先地位。2019年至2023年期间，工信部已公布的五批国家级专精特新"小巨人"企业共1.2万家，截至2023年9月末，上市企业（不含退市或申报企业）共972家，包括主板218家、科创板299家、创业板348家、北交所107家；另有新三板挂牌企业（不含摘牌或申报企业）944家，专精特新"小巨人"挂牌上市企业累计1916家。

本章主要对上市的专精特新企业情况进行介绍，方便读者查阅。

第一节　新三板专精特新企业

企业申请新三板挂牌，需满足《全国中小企业股份转让系统股票挂牌规则》和《全国中小企业股份转让系统分层管理办法》等规定中的基本条件，具体如下。

一、新三板基础层挂牌条件

（1）依法设立且存续满两年。

同时满足下列情形的，可以少于两个完整会计年度但不少于一个完整会计年度：

①主要业务属于人工智能、数字经济、互联网应用、医疗健康、新材料、高端装备制造、节能环保、现代服务业等新经济领域，以及基础零部件、基础元器件、基础软件、基础工艺等产业基础领域。

②符合国家战略，掌握核心技术，具有明确可行的经营规划。

③最近一年研发投入不低于 1000 万元，且最近一年或挂牌同时定向发行获得专业机构投资者股权投资金额不低于 2000 万元，或者挂牌时即采取做市交易方式，在挂牌同时向不少于 4 家做市商在内的对象定向发行股票，按挂牌同时定向发行价格计算的市值不低于 1 亿元。

（2）报告期末股本总额不少于 500 万元，最近一期末每股净资产不低于 1 元/股，且满足以下条件之一：

①净利润：最近两年净利润均为正且累计不低于 800 万元，或者最近一年净利润不低于 600 万元。

②收入：最近两年营业收入平均不低于 3000 万元且最近一年营业收入增长率不低于 20%，或者最近两年营业收入平均不低于 5000 万元且经营活动现金流量净额均为正。

③收入+研发：最近一年营业收入不低于 3000 万元，且最近两年研发投入合计占营业收入比例不低于 5%。

④研发+融资：最近两年研发投入累计不低于 1000 万元，且最近两年或挂牌同时定向发行获得专业机构投资者股权投资金额不低于 2000 万元。

⑤做市+市值：挂牌时即采取做市交易方式，在挂牌同时向不少于 4 家做市商在内的对象定向发行股票，按挂牌同时定向发行价格计算的市值不低于 1 亿元。

（3）公司治理机制健全，合法规范经营。

（4）股权明晰，股票发行和转让行为合法合规。

（5）主办券商推荐并持续督导。

（6）不存在以下行业限制：

①主要业务或产能被国家或地方发布的产业政策明确禁止或淘汰的。

②属于法规政策明确禁止进入资本市场融资的行业、业务。

③不符合全国股转系统市场定位及中国证监会、全国股转公司规定的其他情形。

二、新三板创新层挂牌条件

1. 发行条件

（1）净资产：最近一年期末净资产为正。

（2）公司治理：公司治理健全、制度完善、设立董事会秘书。

2. 市值及财务指标（满足其一）

（1）标准一（同时满足）

①最近两年净利润均在1000万元以上。

②最近两年净资产收益率[①]平均不低于6%。

③股本总额在2000万元以上。

（2）标准二（同时满足）

①最近两年营业收入平均不低于8000万元，且持续增长，年均复合增长率[②]达30%以上；

②股本总额达2000万元以上。

（3）标准三（同时满足）

①最近两年研发投入不低于2500万元。

②最近两年定向融资不低于4000万元。

③发行后市值不低于3亿元。

（4）标准四

最近有成交的60个交易日的平均市值不低于3亿元；采取做市交易方式的，做市商家数不少于4家；采取集合竞价交易方式的，最近60个交易日的股票成交量不低于100万股；截至进层启动日的股本总额不少于5000万元。

三、新三板专精特新"小巨人"企业概况[③]

截至2023年9月末，新三板企业共有6391家，其中944家为国家级专精特新"小巨人"企业，占比约为14.77%。

从盈利状况来看，新三板专精特新"小巨人"企业2022年末营业收入均值为3.50亿元，净利润均值为3399.57万元。新三板全部挂牌企业2022年末营业收入均值为2.46亿元，净利润均值为928.14万元。专精特新"小巨人"企业在盈利方面高于新三板整体水平。

[①] 以中国证监会发布的《公开发行证券的公司信息披露编报规则第9号——净资产收益率和每股收益的计算》规定计算。

[②] 年均复合增长率 $=\sqrt{\frac{Rn}{Rn-2}}-1$，其中 Rn 代表最近一年（第n年）的营业收入。

[③] 数据来源于东方财富Choice数据、上交所网站、深交所网站、北交所网站、股转系统网站，科创联盟整理，下同。

从经营状况来看，新三板专精特新"小巨人"企业2022年末净资产收益率均值为11.38%，资产负债率均值为41.88%。新三板全部挂牌企业2022年末净资产收益率均值为6.54%，资产负债率均值为50.46%。专精特新"小巨人"企业在净资产收益率、资产负债率方面均优于新三板整体水平。

从市值水平来看，新三板专精特新"小巨人"企业2022年末平均市值6.62亿元，市盈率均值为35.51倍。新三板全部挂牌企业2022年末平均市值3.22亿元，市盈率均值为17.20倍。专精特新"小巨人"企业在平均市值、市盈率方面均高于新三板整体水平。

第二节　北交所专精特新企业

一、北交所与专精特新的关系

北交所发展专精特新中小企业具有天然的优势，为其提供了重要的资本支持平台。中小企业规模小、可抵押资产少，一直存在融资难、融资贵等问题。对比主板、创业板、科创板三大板块，主板服务大中型上市公司，创业板聚焦"三创四新"企业，科创板强调科技硬实力，北交所服务创新型中小企业。北交所上市企业与创业板、科创板相比，具有"更早、更小、更新"的特点，即创新型企业在初级发展阶段，可通过"新三板基础层—创新层—北交所"的路径完成在北交所上市。

需要注意的是，从官方表述来看，北交所服务"创新型中小企业"，其范围大于专精特新，即并非只有专精特新的企业才能在北交所上市，而是具有创新特征的中小企业都符合北交所的定位。从概念范围来看，大致可分为四个维度：第一个维度是量大面广的创新型中小企业，第二个维度是专精特新中小企业，第三个维度是专精特新"小巨人"企业，第四个维度是制造业"单项冠军"企业。这四个维度层层递进，企业发展质量逐步提升。因此，将北交所的服务对象单纯理解为专精特新企业是不准确的，这在一定程度上缩小了北交所的服务范围。

二、北交所上市条件

企业在北交所上市的，须满足《北京证券交易所向不特定合格投资者公开发行股票注册管理办法》《北京证券交易所股票上市规则（试行）》《北京证券交易所向不特定合格投资者公开发行股票并上市业务规则适用指引第 1 号》等规定的基本条件，具体如下：

一、行业限制

1. 产能过剩行业。
2. 《产业结构调整指导目录》中规定的淘汰类行业。
3. 金融业、房地产业、学前教育、学科类培训企业。

二、发行条件

1. 主体类型：连续挂牌满 12 个月的创新层公司。
2. 净资产：最近一年期末净资产达 5000 万元以上。
3. 发行对象：公开发行的股份不少于 100 万股，发行对象不少于 100 人。
4. 股本总额：发行后股本总额达 3000 万元以上。
5. 公众持股：发行后股东人数达 200 人以上，公众股东持股比例占股本总额的 25% 以上；股本总额超过 4 亿元的，占比 10% 以上。

三、市值及财务指标（满足其一）

1. 市值 2 亿元（二选一）：

A. 最近两年净利润均达 1500 万元以上，且净资产收益率平均不低于 8%；

B. 最近一年净利润达 2500 万元以上，且净资产收益率达 8% 以上。

2. 市值 4 亿元（同时满足）：

A. 最近两年营业收入平均不低于 1 亿元；

B. 最近一年营业收入增长率达 30% 以上；

C. 最近一年经营活动现金流量净额为正。

3. 市值 8 亿元（同时满足）：

A. 最近一年营业收入达 2 亿元以上；

B. 最近两年累计研发投入占营业收入的 8% 以上。

4. 市值 15 亿元：最近两年累计研发投入 5000 万元以上。

三、北交所专精特新"小巨人"企业概况

截至 2023 年 9 月末，北交所企业共 222 家，其中 107 家为国家级专精特新"小巨人"企业，占比约为 48.20%。

从盈利状况来看，北交所专精特新"小巨人"企业 2022 年末营业收入均值为 4.79 亿元，净利润均值为 6148.61 万元。北交所全部上市企业 2022 年末营业收入均值为 7.32 亿元，净利润均值为 7038 万元。专精特新"小巨人"企业在盈利方面略低于北交所整体水平。

从经营状况来看，北交所专精特新"小巨人"企业 2022 年末净资产收益率均值为 16.10%，资产负债率均值为 30.58%。北交所全部上市企业 2022 年末净资产收益率均值为 14.57%，资产负债率均值为 30.81%。专精特新"小巨人"企业在净资产收益率、资产负债率方面与北交所整体水平相当。

从市值水平来看，北交所专精特新"小巨人"企业 2022 年末平均市值为 12.33 亿元，市盈率均值为 22.46 倍。北交所全部上市企业 2022 年末平均市值为 13.03 亿元，市盈率均值为 18.87 倍。专精特新"小巨人"企业在平均市值、市盈率方面与北交所整体水平相当。

第三节 创业板专精特新企业

一、创业板上市条件

企业在创业板上市的，须满足《创业板首次公开发行股票注册管理办法（试行）》《深圳证券交易所创业板股票上市规则》《深圳证券交易所创业板企业发行上市申报及推荐暂行规定》等规定的基本条件，具体如下：

一、行业限制

1. 限制行业

（1）农林牧渔业；

（2）采矿业；

(3) 酒、饮料和精制茶制造业；

(4) 纺织业；

(5) 黑色金属冶炼和压延加工业；

(6) 电力、热力、燃气及水生产和供应业；

(7) 建筑业；

(8) 交通运输、仓储和邮政业；

(9) 住宿和餐饮业；

(10) 金融业；

(11) 房地产业；

(12) 居民服务、修理和其他服务业。

上述行业中，与互联网、大数据、云计算、自动化、人工智能、新能源等新技术、新产业、新业态、新模式深度融合的创新创业企业除外。

2. 禁止行业

(1) 产能过剩行业；

(2)《产业结构调整指导目录》中的淘汰类行业；

(3) 学前教育、学科类培训、类金融业务。

二、发行条件

1. 主体类型：依法设立并存续的股份有限公司。

2. 经营年限：持续经营三年以上。

3. 主营业务：最近两年无重大变化。

4. 董事、高级管理人：最近两年无重大变化。

5. 实际控制人：最近两年无变更。

6. 内控审计：无保留意见的审计报告、内控鉴证报告。

7. 合法合规：最近三年公司、大股东、实控人、董监高无重大违法违规行为。

8. 股本总额：发行后股本总额达 3000 万元以上。

9. 公众持股：公开发行股份数量占比达 25% 以上；股本总额超过 4 亿元的，占比达 10% 以上。

三、市值及财务指标

1. 一般企业（三选一）

(1) 最近两年盈利：累计净利润达 1 亿元以上，且最近一年净利润不低于6000万元。

（2）最近一年盈利：市值15亿元，且最近一年营业收入达4亿元以上。

（3）暂未盈利但属于先进制造、互联网、大数据、云计算、人工智能、生物医药等高新技术产业和战略性新兴产业的创新创业企业：市值50亿元，且最近一年营业收入达3亿元以上。

2. 红筹企业

（1）市值及财务指标（二选一）：

A. 市值100亿元；

B. 市值50亿元，且最近一年营业收入达5亿元以上。

（2）上市状态：尚未在境外上市。

（3）营业收入"快速增长"（三选一）：

A. 最近一年营业收入不低于5亿元的，最近三年营业收入复合增长率达10%以上；

B. 最近一年营业收入低于5亿元的，最近三年营业收入复合增长率达20%以上；

C. 行业周期波动整体下行的，最近3年营业收入复合增长率高于同行业平均水平。

3. 特殊股权结构企业

市值及财务指标（二选一）：

A. 市值100亿元；

B. 市值50亿元，且最近一年营业收入达5亿元以上。

二、创业板专精特新"小巨人"企业概况

截至2023年9月，创业板企业共有1321家，其中348家为国家级专精特新"小巨人"企业，占比约26.34%。

从盈利状况来看，创业板专精特新"小巨人"企业2022年末营业收入均值为11.55亿元，净利润均值为1.11亿元。创业板全部上市企业2022年末营业收入均值为27.32亿元，净利润均值为1.99亿元。专精特新"小巨人"企业在盈利方面低于创业板整体水平。

从经营状况来看，创业板专精特新"小巨人"企业2022年末净资产收益率均值为8.97%，资产负债率均值为30.66%。创业板全部上市企业

2022年末净资产收益率均值为6.70%，资产负债率均值为35.34%。专精特新"小巨人"企业在净资产收益率、资产负债率方面与创业板整体水平差异不大。

从市值水平来看，创业板专精特新"小巨人"企业2022年末平均市值为57.16亿元，市盈率均值为51.96倍。创业板全部上市企业2022年末平均市值为91.49亿元，市盈率均值为37.49倍。专精特新"小巨人"企业平均市值低于创业板整体水平，但市盈率均值较高。

第四节　科创板专精特新企业

一、科创板上市条件

企业在科创板上市的，须满足《科创板首次公开发行股票注册管理办法（试行）》《上海证券交易所科创板股票上市规则》《上海证券交易所科创板企业发行上市申报及推荐暂行规定》等规定的基本条件，具体如下：

一、行业限制

1. 六大领域

（1）新一代信息技术：半导体和集成电路、电子信息、下一代信息网络、人工智能、大数据、云计算、软件、互联网、物联网和智能硬件等。

（2）高端装备：智能制造、航空航天、先进轨道交通、海洋工程装备及相关服务等。

（3）新材料：先进钢铁材料、先进有色金属材料、先进石化化工新材料、先进无机非金属材料、高性能复合材料、前沿新材料及相关服务等。

（4）新能源：先进核电、大型风电、高效光电光热、高效储能及相关服务等。

（5）节能环保：高效节能产品及设备、先进环保技术装备、先进环保产品、资源循环利用、新能源汽车整车、新能源汽车关键零部件、动力电池及相关服务等。

（6）生物医药：生物制品、高端化学药品、高端医疗设备与器械及相关服务等。

2. 负面清单

(1) 限制类：金融科技、模式创新企业。

(2) 禁止类：房地产、金融、投资类企业。

二、科创属性（二选一）

1. 标准一（同时符合下列指标）

(1) 研发投入（二选一）：

A. 最近三年累计研发投入占营业收入 5% 以上（软件行业 10% 以上）；

B. 最近三年累计研发投入 8000 万元以上。

(2) 研发人员：占员工总数比例 10% 以上。

(3) 发明专利：应用于公司主营业务并能产业化的发明专利 7 项以上（软件行业豁免）。

(4) 营业收入（二选一）（第五套上市标准企业，已境外上市红筹企业豁免）：

A. 最近三年营业收入复合增长率达到 25%；

B. 最近一年营业收入达到 3 亿元。

2. 标准二（满足其一）

(1) 核心技术：拥有的核心技术经国家主管部门认定具有国际领先、引领作用或者对于国家战略具有重大意义。

(2) 重大奖项：作为主要参与单位或者核心技术人员，获得国家自然科学奖、国家科技进步奖、国家技术发明奖，并将相关技术运用于主营业务。

(3) 重大项目：独立或者牵头承担与主营业务和核心技术相关的国家重大科技专项项目。

(4) 产品优势：依靠核心技术形成的主要产品（服务），属于国家鼓励、支持和推动的关键设备、关键产品、关键零部件、关键材料等，并实现了进口替代。

(5) 发明专利：形成与核心技术和应用于主营业务并能产业化的发明专利（含国防专利）合计 50 项以上。

三、发行条件

1. 主体类型：依法设立并存续的股份有限公司。

2. 经营年限：持续经营三年以上。

3. 主营业务：最近两年无重大变化。

4. 董事、高级管理人：最近两年无重大变化。

5. 实际控制人：最近两年无变更。

6. 内控审计：无保留意见的审计报告、内控鉴证报告。

7. 合法合规：最近三年公司、大股东、实控人、董监高无重大违法违规行为。

8. 股本总额：发行后股本总额达3000万元以上。

9. 公众持股：公开发行股份数量占比25%以上；股本总额超过4亿元的，占比10%以上。

四、市值及财务指标

1. 一般企业（五选一）

（1）市值10亿元（二选一）：

A. 最近两年净利润均为正，且累计净利润达5000万元以上；

B. 最近一年净利润为正，且营业收入达1亿元以上。

（2）市值15亿元（同时满足）：

A. 最近一年营业收入达2亿元以上；

B. 最近三年累计研发投入占营业收入的15%以上。

（3）市值20亿元（同时满足）：

A. 最近一年营业收入达3亿元以上；

B. 最近三年经营活动现金流量净额累计1亿元以上。

（4）市值30亿元：最近一年营业收入达3亿元以上。

（5）市值40亿元：主要业务或产品市场空间大，取得阶段性成果；医药企业有一项核心产品获准开展二期临床试验；其他企业具备明显技术优势。

2. 红筹企业

（1）市值及财务指标（二选一）：

A. 市值100亿元；

B. 市值50亿元，且最近一年营业收入达5亿元以上。

（2）上市状态：尚未在境外上市。

（3）营业收入"快速增长"（三选一）：

A. 最近一年营业收入不低于5亿元的，最近三年营业收入复合增长率达10%以上；

B. 最近一年营业收入低于5亿元的，最近三年营业收入复合增长率达

20%以上；

C. 行业周期波动整体下行的，最近三年营业收入复合增长率高于同行业平均水平。

3. 特殊股权结构企业

市值及财务指标（二选一）：

A. 市值100亿元；

B. 市值50亿元，且最近一年营业收入达5亿元以上。

二、科创板专精特新"小巨人"企业概况

截至2023年9月末，科创板企业共有561家，其中299家为国家级专精特新"小巨人"企业，占比约为53.30%。

从盈利状况来看，科创板专精特新"小巨人"企业2022年末营业收入均值为10.82亿元，净利润均值为1.38亿元。科创板全部上市企业2022年末营业收入均值为23.46亿元，净利润均值为2.24亿元。专精特新"小巨人"企业在盈利方面低于科创板整体水平。

从经营状况来看，科创板专精特新"小巨人"企业2022年末净资产收益率均值为9.21%，资产负债率均值为25.17%。科创板全部上市企业2022年末净资产收益率均值为7.28%，资产负债率均值为28.15%。专精特新"小巨人"企业在净资产收益率、资产负债率方面与科创板整体水平差异不大。

从市值水平来看，科创板专精特新"小巨人"企业2022年末平均市值为80.52亿元，市盈率均值为47.85倍。科创板全部上市企业2022年末平均市值为116.07亿元，市盈率均值为44.24倍。专精特新"小巨人"企业平均市值略低于科创板整体水平，但市盈率均值相当。

第五节 主板专精特新企业

一、主板上市条件

企业在主板上市的，须满足《首次公开发行股票并上市管理办法》

《深圳证券交易所股票上市规则》《上海证券交易所股票上市规则》等规定的基本条件，具体如下：

一、主体资格

1. 主体类型：依法设立并存续的股份有限公司。

2. 经营年限：持续经营三年以上。

3. 主营业务：最近三年无重大变化。

4. 董事、高级管理人：最近三年无重大变化。

5. 实际控制人：最近三年无变更。

6. 股本总额：发行后股本总额不低于5000万元。

7. 公开发行的股份达到公司股份总数的25%以上；公司股本总额超过4亿元的，公开发行股份的比例为10%以上。

二、财务指标

（一）一般企业

1. 净利润：最近三个会计年度净利润均为正，且累计不少于2亿元，最近一年净利润不低于1亿元，最近三年经营活动产生的现金流量净额累计不低于2亿元或营业收入累计不低于15亿元。

2. 现金流：预计市值不低于50亿元，且最近一年净利润为正，最近一年营业收入不低于6亿元，最近三年经营活动现金流量净额累计不低于2.5亿元。

3. 收入：预计市值不低于100亿元，且最近一年净利润为正，最近一年营业收入累计不低于10亿元。

（二）红筹企业

同时满足下列条件：

1. 发行股票的，发行后的股份总数不低于5000万股；发行存托凭证的，发行后的存托凭证总份数不低于5000万份。

2. 发行股票的，公开发行（含已公开发行）的股份达到公司股份总数的25%以上；公司股份总数超过4亿股的，公开发行（含已公开发行）股份的比例为10%以上。发行存托凭证的，公开发行（含已公开发行）的存托凭证对应基础股份达到公司股份总数的25%以上；发行后的存托凭证总份数超过4亿份的，公开发行（含已公开发行）的存托凭证对应基础股份的比例为10%以上。

3. 市值及财务指标符合本规则规定的标准

（1）已在境外上市的，满足下列标准之一：

A. 市值不低于2000亿元；

B. 市值200亿元以上，且拥有自主研发、国际领先技术，科技创新能力较强，在同行业竞争中处于相对优势地位。

（2）未在境外上市的，满足下列标准之一：

A. 预计市值不低于200亿元，且最近一年营业收入不低于30亿元；

B. 营业收入快速增长①，拥有自主研发、国际领先技术，在同行业竞争中处于相对优势地位，且预计市值不低于100亿元；

C. 营业收入快速增长，拥有自主研发、国际领先技术，在同行业竞争中处于相对优势地位，且预计市值不低于50亿元，最近一年营业收入不低于5亿元。

（三）有表决权差异安排的企业

满足下列标准之一：

1：预计市值不低于200亿元，且最近一年净利润为正。

2：预计市值不低于100亿元，且最近一年净利润为正，最近一年营业收入不低于10亿元。

二、主板专精特新"小巨人"企业概况

截至2023年9月末，沪深主板企业数量3200多家，其中218家为国家级专精特新"小巨人"企业，占比约为6.81%；沪主板114家，深主板104家。

从盈利状况来看，沪深主板专精特新"小巨人"企业2022年末营业收入均值为25.63亿元，净利润均值为2.54亿元。沪深主板全部上市企业2022年末营业收入均值为209.71亿元，净利润均值为16.80亿元。专精

---

① 营业收入快速增长，应当符合下列标准之一：
（一）最近一年营业收入不低于5亿元的，最近3年营业收入复合增长率10%以上；
（二）最近一年营业收入低于5亿元的，最近3年营业收入复合增长率20%以上；
（三）受行业周期性波动等因素影响，行业整体处于下行周期的，发行人最近3年营业收入复合增长率高于同行业可比公司同期平均增长水平。
处于研发阶段的红筹企业和对国家创新驱动发展战略有重要意义的红筹企业，不适用"营业收入快速增长"的上述要求。

特新"小巨人"企业在盈利方面远低于沪深主板整体水平。

从经营状况来看，沪深主板专精特新"小巨人"企业 2022 年末净资产收益率均值为 10.41%，资产负债率均值为 36.20%。沪深主板全部上市企业 2022 年末净资产收益率均值为 6.18%，资产负债率均值为 47.28%。专精特新"小巨人"企业在净资产收益率、资产负债率方面与沪深主板整体水平差异不大。

从市值水平来看，沪深主板专精特新"小巨人"企业 2022 年末平均市值为 83.08 亿元，市盈率均值为 49.99 倍。沪深主板全部上市企业 2022 年末平均市值为 191.73 亿元，市盈率均值为 15.59 倍。专精特新"小巨人"企业平均市值低于主板企业，但市盈率均值水平更高。

第四章
北交所上市指引

第四章 | 北交所上市指引

2021年10月30日，经前期广泛征集意见，并经中国证监会批准后，北京证券交易所正式发布了《北京证券交易所股票上市规则（试行）》等基本业务规则及配套细则，并自2021年11月15日起施行。这些法规构筑了北交所完整的规则体系，为企业登陆北交所提供了具体要求和指引。本章结合北交所业务规则，从上市实务的角度介绍已登陆北交所的企业表现如何，企业如何登陆北交所，所需的时间、步骤和费用，以及上市后的运作管理规范等问题。

第一节 北交所上市概况

一、北交所上市流程

根据北交所上市条件，北交所上市前，企业应完成新三板挂牌并进入创新层持续满一年。因此，北交所上市流程大致可分为新三板挂牌和北交所上市两个步骤，详解如下。

（一）新三板挂牌流程

新三板挂牌流程如图4-1所示。

尽职调查 ⇨ 股份制改造 ⇨ 申报材料制作 ⇨ 券商内核与申报 ⇨ 备案挂牌

图4-1 新三板挂牌流程

1. 尽职调查

企业确定券商、会计师事务所、律师事务所、评估机构，各中介机构进行尽职调查，指导企业规范运作，企业最终应符合新三板挂牌的规范性要求。整体期限为 1~2 个月。

2. 股份制改造

企业确定股改方案，审计、评估、完成企业内部股东会决议后进行股份制改造，并完成工商变更手续，最终将有限公司变成股份公司。整体期限约为 2 个月。

3. 申报材料制作

会计师出具审计报告，律师出具法律意见书，券商制作公开转让说明书和推荐报告。整体期限约为 3 个月。

4. 券商内核与申报

券商质控部门与内核小组对材料进行审核，并出具内核意见。根据内核意见补充修订申报材料，最终提交全国股转系统申报。整体期限约为 1 个月。

5. 备案挂牌

全国股转系统受理材料后进行审核，并针对材料出具反馈意见，最终由全国股转系统出具挂牌同意函，企业完成挂牌。整体期限约为 3 个月。

企业在新三板挂牌满 12 个月后（基础层与创新层时间累计计算）才能向北交所提交资料，北交所过会并经证监会注册后，企业可公开发行股票并上市。

（二）北交所上市流程

北交所上市流程如图 4-2 所示。

辅导阶段 ⇒ 申报阶段 ⇒ 审核阶段 ⇒ 发行阶段 ⇒ 上市阶段

图 4-2　北交所上市流程

1. 辅导阶段

主要事项包括确定上市方案，进行辅导备案，券商对企业开展上市辅导。

2. 申报阶段

主要事项包括补充尽职调查、审计评估、准备募投项目、拟定申报文件。

3. 审核阶段

主要事项包括向北交所递交申报材料、反馈意见的回复、北交所上市委员会表决，以及表决通过后办理注册流程。

4. 发行阶段

主要事项包括路演、定价和配售发行工作。

5. 上市阶段

主要事项包括核准上市、完成股票发行上市。

二、北交所上市时间

如果企业财务指标符合北交所的上市条件，整个上市周期为两年至两年半。

暂以T（月）作为新三板申报基准时点，简要时间表如表4-1所示。

表4-1 北交所上市时间表

序号	时间（月）	工作内容
1	T	中介机构开展尽职调查，企业整改规范
2	T+1	完成股份制改造
3	T+3	会计师出具年审计报告
4	T+5	完成新三板挂牌材料申报
5	T+8	新三板挂牌
6	T+15	启动上市辅导、调整进入创新层（如涉及）
7	T+21	挂牌满一年后，北交所材料申报
8	T+25	北交所审核通过及IPO注册
9	T+26	公开发行IPO上市

资料来源：科创联盟整理。

2022年12月，北交所和全国股转公司研究推出挂牌上市直联审核监管机制（简称"直联机制"），形成优质企业申报北交所上市的"快车道"。通过直联机制，预计优质企业可以实现常态化挂牌满一年后1~2个月在北交所上市（即"12+1""12+2"），大大缩短申报时间。

2023年9月，证监会发布了《关于高质量建设北京证券交易所的意见》，其中明确"允许符合条件的优质中小企业首次公开发行并在北交所上市",即允许免挂牌新三板,直接申请北交所上市,从而为后续北交所上市的进一步提速提供了政策依据。

三、北交所上市费用

1. 中介机构费用

目前新三板挂牌费用(含券商、会计师、律师、评估师等)为170万~200万元,企业在新三板挂牌期间的持续督导费(含审计)约为30万/年。

北交所上市的主要费用为承销费,该费用按募集资金一定比例收取。除此之外,还有券商辅导保荐费用、会计师审计费、律师费用等。北交所发行上市费用(含券商、会计师、律师、发行费用)为1500万~2000万元,具体与企业行业、规模、子公司数量、规范程度等有关。

相比沪深交易所上市的平均费用为5000万~6000万元,北交所上市费用相对较低,当然这与北交所上市企业募集资金量较小有关。

2. 其他成本与费用

除上述中介机构费用外,北交所上市还包括很多隐性成本,企业需要考虑的规范成本与费用主要包括:税务成本、社保成本、上市筹备费用、高级管理人员报酬,以及披露成本等。

(1)税务成本:企业改制前可能需要补缴部分税款,主要为三年内未严格按税法缴纳的企业所得税。

(2)社保成本:针对企业存在劳动用工不规范的问题,比如降低社保基数、少报用工人数等,要求企业在提交申请前要补足五险一金。

(3)高级管理人员报酬:上市导致高级管理人员增加,不得不安排更多的董事会成员、监事会成员和高级管理人员。

(4)披露成本:严格的信息披露要求使得公司的基本经营情况被公开,将会给竞争对手窥探公司内部信息的机会。

四、北交所上市申请文件

根据中国证监会颁布的《公开发行证券的公司信息披露内容与格式准则第47号——向不特定合格投资者公开发行股票并在北京证券交易所上市申请文件》,公司申请北交所需要提交的文件如表4-2所示。

表 4-2　北交所上市申请文件明细

内容
一、发行文件
1-1 招股说明书（申报稿）
二、发行人关于本次发行股票上市的申请与授权文件
2-1 发行人关于本次公开发行股票并在北交所上市的申请报告
2-2 发行人董事会关于本次公开发行股票并在北交所上市的决议
2-3 发行人股东大会关于本次公开发行股票并在北交所上市的决议
2-4 发行人监事会对招股说明书真实性、准确性、完整性的书面审核意见
三、保荐人关于本次发行股票的文件
3-1 发行保荐书
3-2 上市保荐书
3-3 保荐工作报告
四、会计师关于本次股票发行的文件
4-1 最近三年及一期的财务报告和审计报告
4-2 盈利预测报告及审核报告（如有）
4-3 内部控制鉴证报告
4-4 经注册会计师鉴证的非经常性损益明细表
4-5 会计师事务所关于发行人前次募集资金使用情况的报告（如有）
五、律师关于本次发行股票的文件
5-1 法律意见书
5-2 律师工作报告
5-3 发行人律师关于发行人董事、监事、高级管理人员、发行人控股股东和实际控制人在相关文件上签名盖章真实性的鉴证意见
5-4 关于申请电子文件与预留原件一致的鉴证意见
六、关于本次发行募集资金运用的文件
6-1 募集资金投资项目的审批、核准或备案文件（如有）
6-2 发行人拟收购资产（包括权益）的有关财务报告、审计报告、资产评估报告（如有）
6-3 发行人拟收购资产（包括权益）的合同或草案（如有）

续表

内容
七、其他文件
7-1 发行人营业执照及公司章程（草案）
7-2 发行人控股股东、实际控制人最近一年及一期的财务报告及审计报告（如有）
7-3 承诺事项
7-3-1 发行人及其控股股东、实际控制人、持股5%以上股东，以及发行人董事、监事、高级管理人员等责任主体的重要承诺及未履行承诺的约束措施
7-3-2 发行人及其控股股东、实际控制人、全体董事、监事、高级管理人员、保荐人（主承销商）、律师事务所、会计师事务所及其他证券服务机构对发行申请文件的真实性、准确性、完整性的承诺书
7-3-3 发行人、保荐人关于申请电子文件与预留原件一致的承诺函
7-4 信息披露豁免申请及保荐人核查意见（如有）
7-5 特定行业（或企业）管理部门出具的相关意见（如有）
7-6 保荐协议
7-7 其他文件

资料来源：科创联盟整理。

通过上述材料可以看出，北交所IPO申请文件只有29项，相对创业板IPO减少了行业定位、纳税及原始财务报表相关财务资料、产权和特许经营权证书、重要合同、设立相关的文件等32项内容，仅增加了前次募集资金使用情况报告一项。纳税及原始财务报表相关财务资料的减少，说明北交所IPO弱化了对纳税申报财务数据的调整，有利于缩短企业申报上市的时间。但上市申请文件的减少并不意味着核查、审核工作标准的降低，拟申请上市的公司和中介机构不能因此掉以轻心，对于关键问题的核查和回复需要同等认真对待。

第二节 专精特新之"创新性"论证

北交所定位于服务创新型中小企业，并不意味着传统行业企业就不能登陆北交所。对于拟赴北交所上市的企业，不能单纯关注企业所处的行业是新兴行业还是传统行业，而是关注公司本身是否开拓了创新性业务、做出了创新性产品，因为传统行业也会有创新。北交所开市后，部分企业在申报材料中新增了对创新性的论述说明，本节结合挂牌上市披露文件中的内容，主要从业务创新、产品创新、技术创新、生产管理创新等几个方面，论述企业应具备哪些"创新性"特征。

一、业务创新

某企业在其招股说明书第二章"八、发行人与本次发行有关中介机构权益关系的说明"结束后，新增了"九、发行人自身的创新特征"小节。其中，对业务创新的描述如下：

液压行业属于资本密集型及技术密集型精密制造行业，进入门槛较高。液压元件制造厂商往往需具备较强的技术研发实力、多样的加工工艺、先进的生产设备及丰富的制造经验，才能研发、制造出满足客户多样化及定制化需求的液压产品，并在市场上保持竞争实力。

在业务创新方面，公司践行差异化战略，逐步研发更小、更轻量化的液压动力单元产品，在"低耗能、低噪声、高性能"方面实现专业化和特色化。公司采取集成化设计理念，设计出集电机、齿轮泵、阀块、液压阀、油箱等零件一体化的液压动力单元产品，使客户无须分散采购零部件后自行组装，提升了客户液压系统产品的质量。

公司坚持业务聚焦战略，专注下游仓储物流设备细分领域。公司已具备核心关键部件完整的制造工艺流程，在与其他同行业企业竞争中取得优势。公司同步布局并加大液压动力单元及核心部件在其他领域的市场开拓，通过加深与下游仓储物流领域龙头客户的合作关系，通过持续的产品和技术创新，不断丰富产品类型及下游的应用场景。

目前公司已形成以液压动力单元为主要产品，以齿轮泵为新兴拓展产品，以柱塞泵及柱塞马达集成为其他储备产品的多层次业务格局，同时逐步布局并加大液压动力单元及核心部件在其他领域的市场开拓，以此丰富产品类型及下游应用场景，拓宽公司产品在高空作业平台、注塑机、折弯机及工程机械等下游的应用范围。

二、产品创新

某企业在其招股说明书中，对产品创新的描述如下：

公司始终致力于顺应最新的市场变化，从设计与应用角度对线束组件与注塑集成件进行研发与创新，在智能控制、快速连接、物理性能等方面实现了创新突破。公司每年推出大量新产品，其中较有代表性的创新产品如下。

1. 新型智能化电熨斗前盖组件

随着智能化水平的不断提升，越来越多的产品从传统的机械化向电子智能化转变。作为日常衣物护理的必需品，电熨斗（熨烫系列产品）也加入了智能化大浪潮。传统电熨斗前盖组件包含喷雾系统，可将水通过汽化转换形成蒸汽与喷雾，但无法根据不同的面料实时调节温度与熨烫模式。基于对产品电子系统的理解，公司在原有发明专利技术的基础上，开发了新型智能化电熨斗前盖组件，在传统机械结构前盖组件的基础上，增加了电子控制系统模块，实现了智能控制熨烫模式、蒸汽量和熨烫温度等功能。此外，整体体积较传统前盖组件减少 2/3 以上，让用户操控起来更智能、更轻便。

2. IDC 刺破式连接器线束

传统线束与 PCBA 通过线端连接器与 PCBA 端的插座对插连接，需要先完成端子压接，再将压接好的线穿入线端连接器，并与焊在板端的公端插座对插连接。此类工艺流程复杂，产品体积较大，无法满足特定场景的应用。因此，公司针对特定行业客户如汽车尾灯行业，开发了 IDC 刺破式连接器线束来满足其体积要求小、抗震动要求高等需求。IDC 刺破式连接器线束改变了传统复杂的生产工艺，省去了公端插座与焊接工艺，只需将电线用刺破的方式装配至线束端的连接器后，再将此连接器插入 PCBA，即可完成线束和 PCBA 的连接。此类连接器线束大幅缩小了产品体积，并通过连接器与 PCBA 的直接连接，解决了抗震动强度不够的问题。

3. 直流风机防水线束

基于不同的应用环境，线束产品会有诸如防水、防真空泄漏、抗震动等不同要求。以公司工业风机行业客户为例，由于长期暴露在室外环境中，风机产品对防水的要求较高，其原有的电源连接口是通过塑料上下盖装配线束的方式实现，不能完全起到防水作用，经常发生渗水短路事故。公司应用立式注塑成型技术，根据风机行业的应用特点，设计了新型一体式包胶电源接口。先通过注塑内模固定线束位置并形成初步防水功能，再用外模注塑达到外观形状的要求并进一步加强防水功能，实现了 IP67 级别的防水性能，同时解决了可靠性问题。该技术获得了实用新型专利。除此之外，公司也应用立式注塑成型技术开发了汽车电子真空泵线束，在防水的基础上，满足行业领先防真空泄漏需求。

三、技术创新

某企业在其招股说明书中，对技术创新的描述如下。

1. 环保技术创新

公司对环境保护高度重视，在产品开发中注重通过技术创新实现更高的环境友好性，这方面的典型代表是可回收聚烯烃金属化复合膜的开发。传统的金属化复合膜一般以 CPP 镀铝膜、OPP 镀铝膜或 PET 镀铝膜为金属化膜层，再复合 PET、PA、PP、PE 等薄膜层，组成多层复合膜结构。它不仅具有较高的阻隔性、优异的力学性能，同铝箔复合膜相比还具有成本低廉性，可以在一定程度上取代高阻隔的铝箔复合膜。金属化复合膜虽然性能优异，却带来回收利用困难、不环保的问题。因为各个复合膜层的材质不一致，分离起来较困难，如果回收利用成本很高。

针对该情况，公司开发了可回收聚烯烃金属化复合膜，利用该材料制作的重包袋在阻隔性能、力学性能等方面不仅与现有传统金属化复合膜重包袋相当，还避免了传统的 PET、PP、PA 等材质金属化复合膜不易回收利用的缺陷。用该材料制作的重包袋在使用完进入回收系统后，可以按照单一塑料组分金属化膜回收，不仅降低了使用成本，而且减少了对环境的影响，符合绿色环保的要求。

目前公司已就"一种可回收聚烯烃金属化复合膜"申请并获得实用新型专利，并就"一种可回收聚烯烃金属化复合膜及其制备方法"申请发明专利和 PCT 专利。目前该发明专利处于实审阶段，PCT 专利处于国家申请阶段。

2. 生产技术创新

设备开发方面，相关工作由董事长负责，公司内部研发人员与外部科研院所及供应商合作进行。通过对上述设备的开发改造，公司实现了以下目标：首先，较好地实现了包括异型袋在内的定制化产品的批量化生产，减轻了工人劳动强度；其次，提高了公司生产车间自动化水平，使劳动生产率大幅提升，并保证了产品质量的稳定性。公司上述设备的开发改造主要集中在制袋工序，前道工序如吹膜、复合、印刷均可以实现标准化设备快速作业，但制袋工序由于定制化原因缺乏可用的装备，以往多数工作依靠工人手工完成，效率低、劳动强度高、产品质量不稳定，公司通过上述设备的开发有效解决了这一难题。

产品配方方面，客户提出的产品功能诉求，有相当一部分需依靠构成产品内外层的不同功能类型的薄膜实现。公司经过长期研发和生产实践，已建立起包括通用配方、抗静电配方、导电配方、抗粘刀配方、热灌装配方、抗蠕变配方、耐揉搓抗穿刺配方等十多个基本配方的配方体系。在此基础上，可根据客户具体要求将相关配方进行组合、调整，形成各种新的配方，以实现各种功能特性。由于公司成熟的配方体系和大量的数据、经验，在新产品配方开发过程中可以减少试样次数，缩短开发周期、降低研发投入。

四、生产管理创新

某企业在其招股说明书中，对生产管理创新的描述如下：

生产管理能力是反映企业产品品质和生产效率的重要方式。公司针对自身"小批量、多品种"的产品特点，因地制宜采取柔性生产模式以满足快速变化的市场需求。公司根据不同产品的工艺与流程自行调节生产线，实现多产品并线生产，在降低材料、人员、设备等损耗的同时高效组织生产，及时完成订单交付。

公司创新运用生产信息化管理系统（ERP）、智能仓储物流系统（WMS）、数据采集与监视控制等系统，可以实现最快5分钟完成原材料分拣，通过AGV小车最快5分钟自动送达生产线。公司对产品进行全生命周期在线管理，可以精确追溯到单一产品在某个生产环节的生产时间、工艺参数、操作人员等实际情景，有效解决了传统生产物流人工用时长、调度差错率高等问题，提升了公司的生产效率、产品质量控制及工厂精细化管理水平。

第三节 上市后的运作管理

企业上市融到资金后并不意味着可以高枕无忧了。企业上市后，仍须遵循上市公司的法律规则规范运作，主要涉及持续督导、信息披露、公司治理、股份限售与减持、股权激励与员工持股计划、退市和转板等方面。

一、持续督导

公开发行并上市的，持续督导期间为股票上市当年剩余时间及其后3个完整会计年度；上市后发行新股的，持续督导期间为股票上市当年剩余时间及其后2个完整会计年度。

在持续督导期间，保荐机构通过日常沟通，定期或不定期回访，查阅资料，列席股东大会、董事会、监事会等方式持续关注公司上市运作情况，了解公司业务情况。保荐机构在持续督导期间，主要履行下列职责：

（1）审阅上市公司信息披露文件及向中国证监会和北交所提交的其他文件。

（2）督促上市公司建立健全并有效执行信息披露制度，发布风险揭示公告。

（3）督促上市公司建立健全并有效执行公司治理、内部控制等各项制度：①对上市公司发生的关联交易、对外担保、变更募集资金用途，以及其他可能影响持续经营能力、控制权稳定的风险事项发表意见；②对上市公司发生的资金占用、关联交易显失公允、违规对外担保、违规使用募集资金及其他可能严重影响公司和投资者合法权益的事项开展专项现场核查；③就上市公司存在的重大违法违规行为和其他重大事项及时向本所报告。

（4）督促上市公司或其控股股东、实际控制人信守承诺，持续关注上市公司募集资金的专户存储、投资项目的实施等承诺事项。

上市公司或其控股股东、实际控制人对募集资金使用、投资项目的实施等做出承诺的，保荐机构督促其对承诺事项的具体内容、履约方式及时间、履约能力分析、履约风险及对策、不能履约时的救济措施等进行充分的信息披露。保荐机构针对承诺披露事项，持续跟进相关主体履行承诺的进展情况，督促相关主体及时、充分地履行承诺。

二、信息披露

1. 一般事项

（1）披露事项

上市公司及相关信息披露义务人可以自愿披露与投资者做出价值判断

和投资决策有关的信息。

上市公司拟披露的信息属于商业秘密、商业敏感信息，按照本规则披露或者履行相关义务可能引致不当竞争、损害公司及投资者利益，或者误导投资者的，可以暂缓或者豁免披露该信息。

上市公司应当充分披露行业经营信息，以及可能对公司核心竞争力、经营活动和未来发展产生重大不利影响的风险因素，便于投资者合理决策。公司尚未盈利的，应当充分披露尚未盈利的成因，以及对公司现金流、业务拓展、人才吸引、团队稳定性、研发投入、战略性投入、生产经营可持续性等方面的影响。

上市公司控股子公司发生需要披露的重大事项，视同上市公司的重大事项，应予以披露。上市公司参股公司发生重大事项时，可能对上市公司股票交易价格或投资者决策产生较大影响的，上市公司应当进行信息披露。

（2）披露时点

上市公司应当在重大事件触及下列任一时点后，及时履行首次披露义务：①董事会或者监事会做出决议时；②有关各方签署意向书或协议时；③董事、监事或者高级管理人员知悉，或者应当知悉该重大事件发生时。

上市公司筹划的重大事项存在较大不确定性，立即披露可能会损害公司利益或者误导投资者，且有关内幕信息知情人已书面承诺保密的，公司可以暂不披露，但最迟应当在该重大事项形成最终决议、签署最终协议、交易确定能够达成时对外披露。

相关信息确实难以保密、已经泄露或者出现市场传闻，导致公司股票交易价格发生大幅波动的，公司应当立即披露相关筹划和进展情况。

上市公司和相关信息披露义务人确有需要的，可以在非交易时段对外发布重大信息，但应当在下一交易时段开始前披露相关公告，不得以新闻发布或者答记者问等形式替代信息披露。

2. 定期报告

上市公司应当在规定的期限内编制并披露定期报告，在每个会计年度结束之日起4个月内编制并披露年度报告，在每个会计年度的上半年结束之日起2个月内编制并披露中期报告；在每个会计年度前3个月、9个月结束后的1个月内编制并披露季度报告。第一季度报告的披露时间不得早于上一年的年度报告。

公司预计不能在规定期限内披露定期报告的，应当及时向北交所报告，并公告不能按期披露的原因、解决方案及延期披露的最后期限。

3. 业绩预告和业绩快报

上市公司预计不能在会计年度结束之日起 2 个月内披露年度报告的，应当在该会计年度结束之日起 2 个月内披露业绩快报。业绩快报中的财务数据包括但不限于营业收入、净利润、总资产、净资产，以及净资产收益率。

上市公司在年度报告披露前，预计上一会计年度净利润发生重大变化的，应当在北交所规定的时间内进行业绩预告；预计半年度和季度净利润发生重大变化的，可以进行业绩预告。业绩预告应当披露净利润的预计值，以及发生重大变化的原因。重大变化的情形包括净利润同比变动超过 50%且大于 500 万元、发生亏损或者由亏损变为盈利。

4. 重大交易

上市公司发生的交易（除提供担保、提供财务资助外）达到下列标准之一的，应当及时披露：

（1）交易涉及的资产总额占上市公司最近一期经审计总资产的 10%以上。

（2）交易的成交金额占上市公司市值的 10%以上。

（3）交易标的（如股权）最近一个会计年度资产净额占上市公司市值的 10%以上。

（4）交易标的（如股权）最近一个会计年度相关的营业收入占上市公司最近一个会计年度经审计营业收入的 10%以上，且超过 1000 万元。

（5）交易产生的利润占上市公司最近一个会计年度经审计净利润的 10%以上，且超过 150 万元。

（6）交易标的（如股权）最近一个会计年度相关的净利润占上市公司最近一个会计年度经审计净利润的 10%以上，且超过 150 万元。

5. 关联交易

关联交易应当具有商业实质、价格公允，不得偏离市场独立第三方的价格，不得利用关联交易进行利益输送或利润调节，不得隐瞒关联关系。

上市公司发生符合以下标准的关联交易（除提供担保外）时，应当及时披露：

（1）公司与关联自然人发生的成交金额在 30 万元以上的关联交易。

（2）与关联法人发生的成交金额占公司最近一期经审计总资产或市值 0.2%以上的交易，且超过 300 万元。

6. 其他重大事项

应予以披露的其他重大事项包括股票异常波动和传闻澄清、股份质押和司法冻结、重大诉讼仲裁等。

（1）股票异常波动和传闻澄清

公司应当于次一交易日开盘前披露异常波动公告。如果次一交易日开盘前无法披露，则上市公司应当向北交所申请停牌直至披露后复牌。

（2）股份质押和司法冻结

上市公司任一股东所持公司 5%以上的股份被质押、冻结、司法拍卖、托管、设定信托或者被依法限制表决权的，应当及时通知公司并予以披露。

（3）重大诉讼、仲裁

下列案件应予以披露：涉案金额超过 1000 万元，且占公司最近一期经审计净资产绝对值的 10%以上；股东大会、董事会决议被申请撤销或者宣告无效；可能对公司控制权稳定、生产经营或股票交易价格产生较大影响的其他诉讼、仲裁等。

7. 责任承担

董事长对信息披露事务管理承担首要责任。

董事会秘书负责组织和协调信息披露管理事务。

公司董事、监事、高级管理人员应当勤勉尽责，关注信息披露文件的编制情况。

上市公司董事长、经理、董事会秘书，应当对公司临时报告的真实性、准确性、完整性、及时性、公平性承担主要责任。

上市公司董事长、经理、财务负责人应当对公司财务会计报告的真实性、准确性、完整性、及时性、公平性承担主要责任。

三、公司治理

公司治理要求上市公司规范运作，对实际控制人及董监高任职提出了更高的要求。

1. 股东大会、董事会、监事会的规范运作

股东大会、董事会、监事会应按照程序规范运作,包括会议通知、召集、主持、表决等环节都有具体的程序性要求;不能在规定期限内召开股东大会的,应及时向所在证监会派出机构及北交所报告并公告;股东大会审议影响中小股东利益的重大事项时,应对中小股东的表决情况单独计票并进行披露。

2. 董监高任职要求

(1) 董事、监事、高级管理人员不存在负面情形,财务负责人还应当具备会计师以上专业技术职务资格,或者具有会计专业知识背景并从事会计工作3年以上。

(2) 董监高应当遵守法律法规、北交所的业务规则和公司章程,对公司负有忠实义务和勤勉义务,严格履行公开承诺,不得损害公司利益。

(3) 董事长应当保证董事长秘书知情权,不得以任何方式阻挠其依法行使职权。董事长接到重大事件的报告后,应立即敦促董事长秘书履行信息披露义务。上市公司解聘董事长秘书应当有充分理由,不得无故解聘。

(4) 董事连续两次未亲自出席董事会会议,或者任职期内连续12个月未亲自出席董事会会议次数超过其间董事会会议总次数的1/2,应当做出书面说明并对外披露;连续两次未能出席,也不委托其他董事出席董事会会议,应建议予以更换。

3. 控股股东、实际控制人关键主体的责任

(1) 不得通过任何方式影响公司的独立性。

(2) 不得利用控制地位损害上市公司及其他股东合法权益,牟取非法利益;不得干预公司正常决策程序。

(3) 不得获取公司未公开的重大信息,不得利用未公开信息牟取利益;不得进行内幕交易、操纵市场或其他违法违规行为。

(4) 不得侵占公司资金。

(5) 不得在公司上市后新增公司开展同业竞争。

4. 中小企业特色规定

(1) 不强制设立专门委员会。董事会可以根据需要设立审计、战略、提名、薪酬与考核等相关专门委员会,专门委员会对董事会负责。

(2) 不强制现金分红。上市公司应当根据实际情况在公司章程中明确

一定比例的现金分红，相对于股票股利在利润分配方式中的优先顺序。

（3）不强制要求独立董事人数达到董事会成员人数的1/3。

四、股份限售与减持

1. 一般规定

（1）上市公司控股股东、实际控制人及其亲属，以及上市前直接持有10%以上股份的股东，或虽未直接持有但可实际支配10%以上股份表决权的相关主体，持有或控制的本公司向不特定合格投资者公开发行前的股份，自公开发行并上市之日起12个月内不得转让或委托他人代为管理。

（2）上市公司董事、监事、高级管理人员持有的本公司股份，按照《中华人民共和国公司法》规定，自上市之日起12个月内不得转让，在任职期间每年转让的股份不得超过其所持本公司股份总数的25%，离职后6个月内不得转让。

（3）发行人高级管理人员、核心员工通过专项资产计划、员工持股计划等参与战略配售取得的股份，自公开发行并上市之日起12个月内不得转让或委托他人代为管理。其他投资者参与战略配售取得的股份，自公开发行并上市之日起6个月内不得转让或委托他人代为管理。

2. 限制情形

（1）未盈利

公司上市时未盈利的，在实现盈利前，控股股东、实际控制人、董事、监事、高级管理人员自公司股票上市之日起2个完整会计年度内，不得减持公开发行并上市前股份；公司实现盈利后，可以自当年年度报告披露后次日起减持公开发行并上市前股份。

（2）重大违法违规

上市公司或其大股东、实际控制人因涉嫌证券期货违法犯罪，在被中国证监会及其派出机构立案调查或者被司法机关立案侦查期间，以及在行政处罚决定、刑事判决作出之后未满6个月的；大股东、实际控制人因违反北交所业务规则，被北交所公开谴责未满3个月的，不得减持其所持有的本公司股份。

上市公司董事、监事、高级管理人员因涉嫌证券期货违法犯罪，在被中国证监会及其派出机构立案调查或者被司法机关立案侦查期间，以及在行政处罚决定、刑事判决作出之后未满 6 个月的；因违反北交所规则，被北交所公开谴责未满 3 个月的，不得减持其所持有的本公司股份。

（3）强制退市

上市公司可能触及重大违法强制退市情形的，自相关行政处罚事先告知书或者司法裁判作出之日起至公司股票终止上市或重大违法强制退市情形消除前，公司控股股东、实际控制人，以及董事、监事、高级管理人员不得减持本公司股份。

3. 敏感期交易

上市公司控股股东、实际控制人、董事、监事和高级管理人员在下列期间不得买卖本公司股票：

（1）定期报告。公司定期报告公告前 30 日内，因特殊原因推迟年度报告、中期报告公告日期的，自原预约公告日前 30 日起算，直至公告日终。

（2）业绩预告。公司业绩预告、业绩快报公告前 10 日内。

（3）重大事件。自可能对公司股票交易价格、投资者投资决策产生较大影响的重大事件发生之日或者进入决策程序之日起，至依法披露后 2 个交易日内。

五、股权激励与员工持股计划

上市公司以限制性股票、股票期权实行股权激励，激励对象包括单独或合计持有上市公司 5% 以上股份的股东或实际控制人及其配偶、父母、子女，以及上市公司外籍员工，上市公司董事、高级管理人员、核心技术人员或者核心业务人员，不包括独立董事和监事。

限制性股票授予价格可低于市场参考价的 50%。

上市公司全部在有效期内的股权激励计划所涉及的标的股票总数，累计不得超过公司股本总额的 30%。

上市公司在全国股转系统挂牌期间依法实施的股权激励计划，上市后可以继续实施，限制性股票的限售安排和授予价格、股票期权的行权安排和行权价格等事项按已披露的股权激励计划方案执行。上市公司在全国股转系统挂牌期间依法设立的员工持股计划，上市后可以继续实施，管理方式、持股期限等事宜按照已披露的员工持股计划方案办理。

六、退市

退市分为主动退市与强制退市，强制退市又分为交易类、财务类、规范类、重大违法类四类。退市后，符合新三板基础层或创新层条件的，公司可退入创新层或基础层继续挂牌；不符合挂牌条件且股东人数超过200人的，转入全国股转公司代为管理的退市公司板块；存在重大违法情形的，转入退市公司板块。另外，若退市公司符合重新上市条件的，也可以申请重新上市。

1. **交易类强制退市**

上市公司连续60个交易日出现下列情形之一的，北交所决定终止其股票上市：

（1）股票每日收盘价均低于每股面值。

（2）股东人数均少于200人。

（3）按照北交所上市规则第2.1.3条第一款第四项规定上市的公司，股票交易市值均低于3亿元。

（4）北交所认定的其他情形。

2. **财务类强制退市**

上市公司出现下列情形之一的，北交所对其股票实施退市风险警示：

（1）最近一个会计年度经审计的净利润为负值，且营业收入低于5000万元；或追溯重述后最近一个会计年度净利润为负值，且营业收入低于5000万元。

（2）最近一个会计年度经审计的期末净资产为负值，或追溯重述后最近一个会计年度期末净资产为负值。

（3）最近一个会计年度的财务会计报告被出具无法表示意见或否定意见的审计报告。

（4）中国证监会及其派出机构行政处罚决定书表明公司已披露的最近一个会计年度经审计的年度报告存在虚假记载、误导性陈述或者重大遗漏，导致该年度相关财务指标实际已触及第（1）、（2）项情形的。

（5）北交所认定的其他情形。

3. **规范类强制退市**

上市公司出现下列情形之一的，北交所对其股票实施退市风险警示：

（1）未在法定期限内披露年度报告或者中期报告，且公司股票在停牌2个月内仍未披露。

（2）半数以上董事无法保证公司所披露年度报告或中期报告的真实性、准确性和完整性，且未在法定期限内改正，此后股票在停牌2个月内仍未改正。

（3）财务会计报告存在重大会计差错或者虚假记载，被中国证监会及其派出机构责令改正，但公司未在要求期限内改正，且公司在股票停牌2个月内仍未改正。

（4）信息披露或者规范运作等方面存在重大缺陷，被北交所限期改正但公司未在规定期限内改正，且公司在股票停牌2个月内仍未改正。

（5）公司股本总额或公众股东持股比例发生变化，导致连续60个交易日不再具备上市条件，且公司在股票停牌1个月内仍未解决。

（6）公司可能被依法强制解散。

（7）法院依法受理公司重整、和解或破产清算申请。

（8）北交所认定的其他情形。

4. 重大违法类强制退市

重大违法类强制退市，包括下列情形：

（1）涉及国家安全、公共安全、生态安全、生产安全和公众健康安全等领域的重大违法行为被追究法律责任。

（2）上市公司公开发行并上市，申请或者披露文件存在虚假记载、误导性陈述或重大遗漏，被行政处罚或者追究刑事责任。

（3）上市公司发行股份购买资产并构成重组上市，申请或者披露文件存在虚假记载、误导性陈述或者重大遗漏，被行政处罚或者追究刑事责任。

（4）上市公司披露的年度报告存在虚假记载、误导性陈述或者重大遗漏，导致财务类指标已实际触及退市标准。

（5）北交所认定的其他情形。

5. 主动退市

上市公司出现下列情形之一的，应当向北交所申请终止其股票上市：

（1）上市公司股东大会决议解散公司。

（2）上市公司因新设合并或者吸收合并，将不再具有独立主体资格并被注销。

（3）上市公司因要约回购或要约收购导致公众股东持股比例、股东人数等发生变化而不再具备上市条件。

（4）转板上市。

（5）北交所认定的其他申请终止上市的情形。

6. 退市公司板块

不符合上市条件的公司，从沪深交易所、北交所退市后直接转入退市公司板块。

早在 2001 年退市制度实施之初，中国证券业协会就建立了代办股份转让系统，为已从交易所退市的公司提供股份转让服务，这个板块即我们所说的退市公司板块，属于"老三板"中的板块。2013 年以来，全国中小企业股份转让系统有限责任公司（"新三板"）成立后，代为管理代办股份转让系统。退市公司的股票可继续交易，投资者在证券公司开通"老三板"交易权限后即可参与退市公司股票交易。

随着注册制改革的深入推进、常态化退市机制的进一步完善，退市情形更加健全，退市效率大幅提升，退市公司数量呈现出快速增加的态势。2022 年 4 月，证监会发布了《关于完善上市公司退市后监管工作的指导意见》，北京、上海、深圳证券交易所发布了《关于退市公司进入退市板块挂牌转让的实施办法》，进一步完善上市公司退市规定，以适应当前新的监管形势。上述规定发布后，退市股数量较往年出现显著增长。2022 年，A 股退市公司数量超过 40 家；2023 年至今，累计退市股数量已超过 2022 年全年。

七、转板

1. 概况

北交所上市公司转板制度于 2022 年 1 月正式落地，符合条件的北交所上市公司可以申请转板至上交所科创板或深交所创业板。2023 年 10 月，北京证券交易所发布了《北京证券交易所上市公司持续监管指引第 7 号——转板》，进一步优化了转板机制和衔接安排。截至 2023 年 9 月，已有观典防务、翰博高新、泰祥股份等北交所企业通过科创板、创业板上市委员会审议，开启了转板之路。其中，观典防务于 2022 年 5 月 25 日在科创板上市，是北交所转板科创板的第一股。2022 年 8 月 11 日，泰祥股份在创业板上市，是北交所转板创业板的第一股。2022年8月18日，翰博高新在创业板上市，成为第三家成功转板的北交所企业。

申请转板的北交所上市公司，应当已在北交所上市满一年，其在精选层挂牌时间和北交所上市时间可合并计算；转板条件应当与首次公开发行并在上交所、深交所上市的条件保持基本一致，上交所、深交所可以根据监管需要提出差异化要求。

2. 转板程序

转板属于股票上市地的变更，不涉及股票公开发行，依法无须经中国证监会核准或注册，由上交所、深交所依据其上市规则进行审核并做出决定。根据《北京证券交易所上市公司持续监管指引第7号——转板》，转板程序具体如下：

（1）准备、沟通

企业选聘转板保荐机构，与保荐机构签订保荐协议。保荐机构及时向北交所提交报备文件。北交所收到报备文件后将进行完备性核对，开展股票交易核查，并与沪深交易所就涉及的重要监管事项进行沟通协调。

（2）开会、披露

上市公司履行决策程序和信息披露义务，包括召开董事会、股东大会审议转板事项，并需要按照规定披露相关公告。

（3）申请、审核

上市公司和保荐机构向沪深交易所提交转板申请，公司股票停牌。沪深交易所开展审核工作。

（4）退市、转板

沪深交易所审核同意后，上市公司向北交所申请股票退市，办理股票跨市场登记手续。

3. 股份限售安排

北交所上市公司转板后的股份限售期，原则上可以扣除在精选层和北交所已经限售的时间。

第五章

北交所上市审核案例

第五章　北交所上市审核案例

本章结合北交所企业案例，总结了上市审核中常见的反馈意见，从中分析审核委员会关注哪些问题及企业应如何回复，为未来拟上市北交所的企业提供借鉴和参考。

以某企业为例，审核反馈从公司规范性、信息披露、财务会计等方面进行了问询，具体包括上市公司子公司、同业竞争、股利分配、主要产品、经营模式、关联方与关联交易、主要客户与供应商、员工情况、子公司情况、核心技术、研发情况、涉诉情况、募集资金、风险因素、收入确认、主营业务成本、毛利率、现金流、非经常性损益、销售管理费用、研发投入、应收账款、应付款项、存货、其他应收款、其他应付款、非流动资产、货币资金、短期借款、尽职调查及审计程序等方面，可以说涵盖面较广，其中财务方面通常是问询的重点。

其他企业也通常被问及上述问题，涉及公司治理、业务情况、财务状况、募集资金用途等方面。以下对北交所上市审核过程中常见的问题进行了归类，就大家关心的要点进行了总结，从上市标准的选择、行业属性、财务信息披露、经营稳定性、重大事项、关联交易等方面进行了举例和说明。

第一节　上市标准选择

一、审核要点

《北京证券交易所股票上市规则（试行）》（以下简称《上市规则》）中规定了四套上市标准，以市值为中心，结合净利润、净资产收益率、营业收入及增长率、研发投入和经营活动产生的现金流量净额等财务指标，供发行人选择适用。

标准一：市值不低于2亿元，最近两年净利润平均不低于1500万元且加权平均净资产收益率平均不低于8%，或者最近一年净利润不低于2500万元且加权平均净资产收益率不低于8%。

解读：该标准适用于发展稳定、净利润保持稳步增长的企业。

标准二：市值不低于4亿元，最近两年营业收入平均不低于1亿元，且最近一年营业收入增长率不低于30%，最近一年经营活动产生的现金流量净额为正。

解读：该标准适用于公司业绩处于高速增长期的企业，具有良好的发展前景。

标准三：市值不低于8亿元，最近一年营业收入不低于2亿元，最近两年研发投入合计占最近两年营业收入合计的比例不低于8%。

解读：该标准适用于研发型企业，之前的科研投入正在逐步转化为营业收入。

标准四：市值不低于15亿元，最近两年研发投入合计不低于5000万元。

解读：该标准适用于研发投入较多，且估值较高的企业，如芯片研发、生物制药等企业。

除发行人自身外，保荐机构应为发行人选择适当的上市标准提供专业指导，审慎推荐，并就发行人选择的上市标准说明适用理由。

二、相关案例

北交所上市的四套标准中，选择第一套标准上市的企业占比超90%，占绝大多数。由于第一套标准重点关注净利润问题，因此在审核反馈时，企业更多地收到类似反馈，如营业收入、净利润是否真实，收入确认是否符合企业会计准则要求，是否对关联方、主要客户存在重大依赖，经营业绩是否存在大幅波动或下滑等等。

以某企业为例，审核问题涉及上市标准的确认问题。

审核提问：结合财务数据，进一步明确公司选择的具体进层标准。

发行人回复：公司系在全国股转系统连续挂牌满12个月的创新层挂牌公司，拟按照"标准1"申请公开发行并进入精选层，即市值不低于2亿元，最近两年净利润均不低于1500万元且加权平均净资产收益率平均不低于 8%，或者最近一年净利润不低于 2500 万元且加权平均净资产收益率不低于 8%。

公司财务数据与进层标准①的具体对比如表 5-1 所示。

表 5-1　某企业 2020 年度财务数据

具体进层标准	公司 2020 年财务数据	是否符合进层标准
市值不低于 2 亿元	按照发行底价 16 元、发行后总股本 4860 万股测算，公司发行后的市值为 7.78 亿元	是
最近一年净利润不低于 2500 万元	3874.56 万元	是
加权平均净资产收益率不低于 8%	36.46%	是

通过上述分析，公司符合标准 1 的规定。

第二节　行业属性

一、审核要点

发行人属于金融业、房地产业企业的，不支持在北交所发行上市。

发行人的生产经营应当符合国家产业政策，不得属于产能过剩行业（产能过剩行业的认定以国务院主管部门的规定为准）、《产业结构调整指导目录》中规定的淘汰类行业，以及从事学前教育、学科类培训等业务的企业。

此外，北交所对发行人申报材料中创新特征的披露增加了要求。发行人应结合行业特点、经营特点、产品用途、业务模式、市场竞争力、技术创新或模式创新、研发投入与科技成果转化等情况，在招股说明书中充分披露发行人自身的创新特征。此外，保荐机构还要对发行人的创新发展能力充分核查。

---

① 即北交所设立前的精选层标准。

二、相关案例

以某企业为例，审核反馈中涉及行业信息披露准确性的问题。

根据公开发行说明书，发行人滴灌技术"国内领先""国际先进"，在研项目"行业领先"，公司也是"国内最先"引进，并"较早实现"内镶贴片式滴灌带国产化的"少数几家"公司之一；发行人为华北地区最大的节水灌溉企业之一。审核机构要求发行人说明上述"国内领先""国际先进""行业领先""国内最先""华北地区最大"等表述的依据。如无明确依据，则修改或删除相关表述，并结合公司实际客观描述公司行业竞争地位。

对此，发行人结合行业情况和具体数据，对其创新性和领先优势进行了分析。

行业方面，我国的喷滴灌技术等先进的节水灌溉技术是从国外引进的，经过消化吸收实现了创新。目前，国内滴灌带常用流量在 1.4~3L，流态指数一般在 0.45~0.49。对比国外滴灌带常用流量在 1.4~3L，流态指数一般在 0.40~0.49。其中，不同农田类型适用不同流量，但低流量的滴灌带开发难度更大、技术含量更大。流态指数反映了滴灌管内水流的流态和流量对压力变化的敏感程度，数值越小，开发难度越大。发行人目前滴灌带最小流量可达 1L，节水效果更佳，流态指数最小可达 0.35，行业内均处于领先水平。

在技术数据方面，滴灌带滴头间距一般为 300mm 左右，目前国内外滴灌带主流间距在 200~1000mm，间距越小，对生产工艺和技术的要求越高。公司在原有产品的基础上，进一步研发了低间距和任意间距的系列产品，滴头间距最小可达 100mm，涵盖 100~1000mm 等各种类型，丰富了公司产品线，满足了市场上的不同需求。

在 2000 年，发行人控股股东投产了第一条内镶贴片式滴灌管生产线，是国内最先引进并较早实现内镶贴片式滴灌带国产化的少数几家公司之一。发行人成立时只生产内镶贴片式滴灌带，且滴灌带壁厚、滴头流量型号均较少。经过持续研发，目前可实现超薄壁滴灌带的产出，滴头流量也发展出多种规格型号，可适应不同客户或工程实际应用的需求。目前，公司压力补偿式滴灌管和地埋式滴灌管的产品及技术均已成熟，并开始规模生产和应用。

此外，根据公开资料，目前 A 股上市公司、港股上市公司和新三板公司中营业额超过 3 亿元的可比节水灌溉企业数量仅有 4 家，经对比行业可比公司的业务规模及主要业务区域，并根据行业协会的相关统计及访谈，发行人目前的业务规模位于行业前列，为华北地区最大的节水灌溉企业之一。

同时，保荐机构对原行业协会中国水利企业协会灌排设备企业分会的秘书长进行了访谈，秘书长认为发行人对我国节水灌溉业务的发展作出了较大贡献，目前无论业务规模、盈利能力，还是技术实力等方面都在行业中居于前列。

因此，经发行人自证及保荐机构核查认为，发行人滴灌技术"国内领先""国际先进"，在研项目"行业领先"，其公司是"国内最先"引进，并"较早实现"内镶贴片式滴灌带国产化的"少数几家"公司之一，为华北地区最大的节水灌溉企业之一，目前在业务规模、盈利能力及技术实力等方面居于前列，发行人关于行业竞争情况的相关表述具有真实性、准确性和完整性。

第三节　财务信息披露

一、审核要点

发行人提交的财务报告应当在法定期限内披露，且符合企业会计准则和相关信息披露规则的规定，在所有重大方面都公允地反映了发行人的财务状况、经营成果和现金流量，由注册会计师出具无保留意见的审计报告。保荐机构及会计师对财务报告审慎做出专业判断与认定，并对招股说明书的真实性、准确性和完整性承担连带责任。

报告期内发行人会计政策和会计估计应保持一致，不能随意变更；若有变更，保荐机构及会计师应关注变更的合理性，并说明变更会计政策或会计估计后，能够提供更可靠、更相关的会计信息的理由；对会计政策、会计估计的变更，应履行必要的审批程序。

保荐机构及会计师应说明判断的依据，如没有充分、合理的证据表明会计政策或会计估计变更的合理性，或者未经批准擅自变更会计政策或会计估计的，会被视为滥用会计政策或会计估计。

报告期内发行人如出现会计差错更正事项，应关注下列注意事项：

（1）会计差错更正的时间和范围，是否反映发行人存在故意遗漏或虚构交易事项或者其他重要信息，滥用会计政策或者会计估计，操纵、伪造或篡改编制财务报表所依据的会计记录等情形。

（2）差错更正对发行人的影响程度，是否符合《企业会计准则第28号——会计政策、会计估计变更和差错更正》的规定。

（3）发行人是否存在会计基础工作薄弱和内控缺失的情形，是否按照《公开发行证券的公司信息披露编报规则第19号——财务信息的更正及相关披露》及相关日常监管要求进行了信息披露。

若申报前后，发行人因会计基础薄弱、内控不完善、未及时进行审计调整的重大会计核算疏漏、滥用会计政策，以及恶意隐瞒或舞弊行为，导致重大会计差错更正的，或将被采取自律监管措施或纪律处分；涉及财务会计文件虚假记载的，或将受到中国证监会的处罚。

二、相关案例

以某企业为例，审核问题涉及收入确认具体标准变更合规性问题。

审核提问：发行人执行新收入准则后收入确认标准为将商品交付客户并由客户对账或验收合格后确认收入，分析收入确认是否谨慎合理，是否符合《企业会计准则》规定。

发行人回复时，首先结合合同约定披露了其与主要客户的合作模式，包括但不限于产品交付安排、与主要客户的对账方式或验收方式、时间和周期、对账或验收内容、对账或验收前后对相应款项结算及票据开具的具体安排等。

其次，发行人结合报告期各期签收、验收和对账时间，报告期各期对账后的退换货情况及退换货政策，同行业可比公司收入确认方法等，分析了收入确认的谨慎性与合理性。发行人写道："根据《企业会计准则第14号——收入》第四条'企业应当在履行了合同中的履约义务，即在客户取得相关商品控制权时确认收入'取得相关商品控制权，是指能够主导该商品的使用并从中获得几乎全部的经济利益。公司在产品交付并经客户验收后，客户即取得相关商品控制权，公司据此确认收入谨慎合理，符合《企业会计准则》规定。"

针对收入确认具体标准变更的合规性，发行人这样论述：

"会计差错更正前后，公司均在产品交付并经客户验收后确认收入，不存在收入确认标准变更的情况。在差错更正前，对于部分供货方现场验收产品，在客户下厂完成验收并取得验收凭证后，仓库办理了出库手续，财务部门据此确认收入并结转成本。经过自查，上述合同虽已办理出库手续，但由于客户原因推迟了物流发货时间，实际发货时间存在跨期情况，因此予以调整。在差错更正前，公司未能严格执行收入确认政策，收入确认时点未能实现风险报酬转移，与行业惯例亦不相符；更正后，收入确认时点的判断更为准确，具体依据符合《企业会计准则》规定。"

关于披露收入确认时点变更的原因及背景，被认定为会计差错更正而未被认定为会计政策变更，发行人认为，在差错更正前后，公司收入确认政策均为"公司已将商品所有权上的主要风险和报酬转移给购买方；公司既没有保留与所有权相联系的继续管理权，也没有对已售出的商品实施有效控制；收入的金额能够可靠地计量；相关的经济利益很可能流入企业；相关的已发生或将发生的成本能够可靠地计量时，确认商品销售收入实现"，即更正前后收入确认政策没有变更，不属于会计政策变更。在差错更正前，由于财务人员的疏忽，未能准确把握风险报酬转移的时点，导致了收入错报，因此予以更正，属于差错更正。因此，变更前公司没有获取充分证据确认风险和报酬的转移，属于没有运用编报前期财务报表时预期能够取得并加以考虑的可靠信息，根据《企业会计准则第28号——会计政策、会计估计变更和差错更正》相关规定，该变更属于会计差错更正。

最后，保荐机构和会计师对上述事项发表核查意见认为：

（1）发行人产品销售均在产品交付且经客户验收后确认收入；部分客户销售以对账确认验收替代验收凭据，实质发行人均采用验收作为控制权转移确认收入的时点。

（2）会计差错更正后更加符合公司业务特点和实际运营情况，对商品所有权上的主要风险和报酬转移时点或控制权转移时点判断得更加准确，提供的会计信息更加可靠。

第四节 经营稳定性

一、审核要点

《上市规则》第 2.1.4 条第（六）项规定了不得存在对发行人经营稳定性具有重大不利影响的情形。那么，如何判断企业是否稳定经营？一般来说，发行人应当保持主营业务、控制权、管理团队的稳定性。具体而言，应满足下列几方面的要求：

（1）最近 24 个月内主营业务未发生重大变化。

（2）最近 12 个月内曾实施重大资产重组的，在重组实施前发行人应当符合《上市规则》中 4 套上市标准之一（市值除外）。

（3）最近 24 个月内实际控制人未发生变更。

（4）最近 24 个月内董事、高级管理人员未发生重大不利变化。

保荐机构对发行人的董事、高级管理人员是否发生重大不利变化的认定，主要从以下两方面分析：一是最近 24 个月内变动人数及比例，在计算人数比例时以人员合计总数作为基数；二是人员离职或无法正常参与发行人的生产经营是否对发行人的生产经营产生重大不利影响。

变动后新增的人员来自原股东委派或发行人内部培养产生的，原则上不构成重大不利变化；发行人管理层因退休、调任、亲属间继承等原因发生岗位变化的，原则上不构成重大不利变化，但发行人应披露相关人员变动对公司生产经营的影响。

如果最近 24 个月内上述人员变动比例较大或核心人员发生变化，对发行人的生产经营产生重大不利影响的，则被视为发生重大不利变化。

实际控制人为一名自然人或有亲属关系的多名自然人，实际控制人去世导致股权变动，股份受让人为继承人的，通常不视为公司控制权发生变更。其他多名自然人为实际控制人，实际控制人之一去世的，结合股权结构、去世自然人在股东大会或董事会决策中的作用，以及对发行人持续经营的影响等因素进行综合判断。

二、相关案例

以某企业为例，审核反馈询问了主要股东、实控人从业背景对公司经营稳定性是否构成影响。

发行人从股东背景、关联关系、对发行人核心技术及专利的贡献情况、有无技术权属纠纷等方面论述股东不影响公司的经营稳定性；并从发行人与客户的合作情况、市场地位、维护拓展新客户的方式、订单是否充足，以及是否具有持续获取订单能力等角度论述了业务的可持续性与稳定性。

关于发行人维护客户、拓展新客户的方式，与发行人实际控制人背景及履历的关系，公司这样论述：

"创始人从 1982 年开始从事滤清器行业，积累了较为丰富的境外客户资源，为公司海外市场的开拓奠定了基础。

"公司通过招商、参加展会、参加招投标、网络主动联系和通过现有客户群推荐等方式开拓市场。公司以新兴市场、空白市场为重点，提高参展频次及客户拜访力度，进一步拓展海外 IAM 市场的覆盖范围。境内市场方面，公司以现有经销网络为依托，通过渠道下沉、完善终端服务水平、提升市场响应速度等多种措施，努力消除境内经销网络空白区域；加强与互联网连锁养护企业、平台的合作力度，通过互联网新模式的带动，促进收入规模快速提升；以产能提升为契机，进一步提升过程控制与综合检测等综合能力，努力进入更多整车企业的合格供应商名单，努力开拓 OES 与 OEM 两个市场。"

保荐机构和发行人律师核查后认为，发行人及其实际控制人、董事、监事、高级管理人员不存在关联关系、订单或渠道共享的情形，不存在技术权属纠纷，因此对经营稳定性不构成影响。

第五节　经营业绩大幅下滑

一、审核要点

发行人最近一年经营业绩指标较上一年下滑幅度超过 50% 的，通常会被认为对发行人持续经营能力构成重大不利影响。

发行人出现营业收入、净利润等经营业绩指标大幅下滑情形的，保荐机构及会计师从以下方面充分核查经营业绩下滑的程度、性质、持续时间等。

（1）经营能力或经营环境是否发生变化，如果发生变化应关注具体原因，变化的时间节点、趋势方向及具体影响程度。

（2）发行人正在采取或拟采取的改善措施及预计效果，结合前瞻性信息或经审核的盈利预测情况，判断经营业绩下滑趋势是否已扭转，是否仍存在对经营业绩产生重大不利影响的事项。

（3）发行人所处行业是否具备强周期特征，是否存在严重产能过剩，是否呈现整体持续衰退，发行人收入、利润变动情况与同行业可比公众公司情况相比，是否基本一致。

（4）因不可抗力或偶发性特殊业务事项导致经营业绩下滑的，相关事项对经营业绩的不利影响是否已完全消化或基本消除。

二、相关案例

以某企业为例，审核问题包括：发行人大数据智能处理业务 2018 至 2020 年毛利率分别为 65.21%、55.18%、47.49%，分析说明大数据智能处理业务毛利率的变化趋势，是否可能进一步下降，是否会对发行人经营业绩产生重大不利影响。

发行人回复时，结合客户类型、应用领域、定价方式、行业地位、竞争格局、不同项目间软硬件具体比例情况等，分析披露影响大数据智能处理业务毛利率的主要因素、不同项目间毛利率差异的具体原因。并结合在手订单、行业发展趋势等，分析说明大数据智能处理业务毛利率的变化趋势，即目前大数据处理业务在手订单中，多为政府部门、高等院校及国有企事业单位等类型的客户，综合毛利率预计与 2020 年度类似客户综合毛利率一致，不存在导致毛利率持续下降的影响因素。预计未来毛利率会在恒定的范围内出现不同程度的波动，结合公司近三年业绩指标来看，未来由于市场化因素导致的毛利率波动不会对经营业绩产生重大不利影响。

针对大数据储存业务，发行人补充披露了影响大数据储存业务定价和毛利率的主要因素，例如服务器中嵌入的软件类别及软硬件成本占比，即服务器中搭载了 cStor 标准云存储系统及 cStor 超低功耗云存储系统等涉及公司核心技术的存储系统，则定价相对较高，毛利率也相对较高。

最后，保荐机构和会计师核查认为：

（1）公司不同项目毛利率差异，主要受该项目涉及的应用领域不同、合同对方主体差异、交付产品软硬件占比不同等因素的影响；公司毛利率与当虹科技类似，高于其他同行业可比公司，主要原因是公司基于cStor、数据立方、cVideo等具有自主核心技术的软件系统给产品及服务带来的溢价，公司毛利率较高的情况符合公司实际；公司2020年毛利率较2019年和2018年下降，出现持续下滑的原因是2020年度的乐东黎族自治县公安局项目和南京市公安局项目属于公司重点拓展的公安领域业务，受限于上述单位公开招投标限价，在报价时给予较多折让，出现毛利率偏低的情形，同时由于合同金额较高，对2020年度整体毛利率产生了一定的影响，导致2020年度综合毛利率低于报告期其他年度。

（2）发行人大数据存储业务毛利率波动受项目差异影响较大。不同项目由于受客户类型、应用领域、软硬件占比差异等多方面因素的影响，毛利率呈现不同程度波动。公司项目定价，以及公司营业成本变化符合行业趋势，与公司业务实际情况相符。

（3）2018—2020年，公司毛利率分别为55.98%、56.68%和42.97%。2020年度由于疫情期间项目增加实施成本等因素导致大数据处理与大数据存储业务毛利率较以往年度略低。公司大数据处理毛利率逐年下降系受到当年个别大项目毛利率较低影响，非行业或市场出现较大不利影响，并不必然预示未来出现持续下降趋势。公司毛利率下降对公司持续盈利能力不会造成重大不利影响。

第六节　研发费用计算

一、审核要点

（一）研发费用包括哪些内容

研发费用通常包括研发人员工资费用、直接投入费用、折旧费用与长期待摊费用、设计费用、装备调试费、无形资产摊销费用、委托外部研究开发费用、其他费用等。

(二) 研发相关内控要求

发行人应制定研发相关内控制度,明确研发支出的开支范围、标准、审批程序,以及研发支出资本化的起始时点、依据、内部控制流程。同时,按照研发项目设立台账归集核算研发支出。

在制定研发支出资本化标准的问题上,应在报告期内保持一致。研发支出资本化虽然可以使企业的利润表变得好看,但应确保企业研发出的资产可盈利变现,并且研发阶段的支出可以计量。

(三) 中介机构的核查

(1) 保荐机构及会计师对报告期内发行人的研发投入是否准确,相关数据来源及计算是否合规,相关信息披露是否符合招股说明书准则要求等进行核查。

(2) 保荐机构及会计师对发行人的研发相关内控制度是否健全且被有效执行进行核查,重点包括以下事项:①是否建立研发项目的跟踪管理系统,有效监控、记录各项研发项目的进展情况,并合理评估技术上的可行性;②是否建立与研发项目相对应的人、财、物管理机制;③是否已明确研发支出范围和标准,并得到有效执行;④报告期内是否严格按照研发开支用途、性质据实列支研发支出,是否存在将与研发无关的费用在研发支出中核算的情形;⑤是否建立研发支出审批程序。

(3) 对于合作研发项目,保荐机构及会计师还应核查项目的基本情况,包括项目合作背景、合作方基本情况、相关资质、合作内容、合作时间、主要权利义务、知识产权的归属、收入成本费用的分摊情况、合作方是否为关联方;若存在关联方关系,需进一步核查合作项目的合理性、必要性,以及交易价格的公允性。

二、相关案例

以某企业为例,根据公开发行说明书,发行人报告期各期研发投入分别为821.68万元、1092.80万元和917.43万元,上市审核时要求对下列问题进行回复:①补充披露研发费用的归集范围、核算方法、会计处理、所对应的研发项目、预算金额、累计已投入费用、目前进展情况、拟达到的目标及研发成果情况；②补充披露研发人员的界定依据、是否存在研发人员、各期研发人员数量，说明是否存在研发人员和生产人员混同的情形，相关成本或费用是否归集准确；③补充披露研发人员学历构成情况、薪酬政策、薪酬水平，说明人均薪酬与当地平均薪酬及同行业可比公司是否存在差异及合理性。

首先，发行人对研发费用的归集范围、核算方法和会计处理进行了说明。公司研发费用包括材料消耗、职工薪酬、设备折旧费、设备运行维护费、设计费、模具装备开发及制造费、研发燃料动力费等，并列举了报告期内的研发项目情况。

其次，发行人补充了研发人员的界定依据及相关成本费用归集情况。公司在研发立项时确定项目组成员，研发项目经公司总经理办公会审议后通过。项目组成员由研发项目负责人根据项目具体情况和原则，从公司总经办、综合部、市场部、采购部、物流部、仓储管理部、质量部、技术部、铸造部和机加部抽取担任相应职能的员工，不包括公司的生产人员。研发项目结束前，研发项目组成员均属于公司研发人员，相关的职工薪酬作为研发费用核算，成本费用归集准确。

再次，发行人补充了公司研发人员学历构成及薪酬情况。公司研发人员 2017 至 2019 年平均薪酬分别为 12.01 万元/人、15.58 万元/人和 14.32 万元/人，总体呈现上升趋势；与其他上市公司对比，总体来看，公司研发人员的平均工资与可比上市公司研发人员平均工资的变动趋势一致，但公司的平均工资高于平均水平，主要原因为公司的盈利能力高于可比上市公司，员工的工资水平较高；与当地平均工资相比，十堰市人民政府网站发布的十堰市制造业平均工资分别为 54239 元/人、56457 元/人和 61331 元/人。报告期内，公司研发人员的平均薪酬在当地处于较高水平。

最后，保荐机构和会计师核查认为，发行人研发费用归集范围合理，核算方法和会计处理符合《企业会计准则》的规定；发行人、研发人员界定清晰，不存在研发人员和生产人员混同的情形，相关成本费用归集准确；公司研发人员的平均薪酬合理。

第七节 重大事项的认定

一、审核要点

重大事项涉及的范围较广，会对上市造成影响的重大事项包括以下类型：

（1）发行人及其实际控制人、控股股东等发生重大媒体质疑、涉及重大违法行为的突发事件或被列入失信被执行人名单。

（2）发生涉及公司主要资产、核心技术等的诉讼仲裁，或者公司主要资产被查封、扣押等。

（3）发行人控股股东和受控股股东、实际控制人支配的股东所持发行人股份被质押、冻结、拍卖、托管、设定信托或者被依法限制表决权，或发生其他可能导致控制权变更的权属纠纷。

（4）发行人发生重大资产置换、债务重组等公司架构变化的情形。

（5）发生影响公司经营的法律、政策、市场等方面的重大变化。

（6）发生违规对外担保、资金占用或其他权益被控股股东、实际控制人严重损害的情形，或者损害投资者合法权益和社会公共利益的其他情形。

（7）披露审计报告、重大事项临时公告或者调整盈利预测。

（8）发生可能导致中止或终止审核的情形。

（9）存在其他可能影响发行人符合发行条件、上市条件和相应信息披露要求，或者影响投资者判断的重大事项。

关于重大事项的具体判断标准，《上市规则》第七章"应披露的交易"和第八章"应披露的其他重大事项"中对需要披露的重大事项进行了详细描述。发生重大事项时，发行人应注意及时履行信息披露及报告义务，中介机构也应按照北交所相关规定对重大事项进行核查。

二、相关案例

以某企业为例，控股股东及实际控制人存在两起尚未了结的重大诉讼、仲裁案件，审核反馈询问了关于未了结诉讼对生产经营的影响问题，要求发行人补充披露上述重大诉讼案件的基本情况、进展及执行情况，说明实际控制人是否具备偿付能力，是否存在因个人所担负数额较大债务到期未清偿情形而影响其董事高管任职资格的风险，是否存在影响其控制权的风险。

发行人回复时，首先对涉诉情况进行了说明，系金融借款合同案件中保证合同纠纷，并分析了实际控制人现有资产情况。实际控制人提供了个人和家庭名下流动性较好的资产（银行存款、银行理财、分红型保险等）、房产等固定资产的资产证明，上述资金合计超过公司担保债务，实际控制人具备足额偿付能力；且报告期内，实际控制人已根据和解协议约定按月定期偿还到期的担保债务。但出于谨慎考虑，仍对该事项进行了风险提示："实际控制人存在因个人所担负数额较大债务到期未清偿情形而影响其董事高管任职资格的风险，仍存在债权人行使债权对控制权产生较大影响的风险。"

保荐机构和发行人律师经核查后认为，发行人已补充披露了公司及实际控制人的重大诉讼案件的基本情况、进展及执行情况；公司实际控制人对外担保债务合计3000.00万元，其中1000.00万元担保债务已实际履行。实际控制人名下家庭财产中，具有流动性较好的资产（银行存款、银行理财、分红型保险等）和房产等固定资产，具备除对公司担保债务以外的履约能力。但同时出于谨慎考虑，公司在公开发行说明书中进行了风险提示，"尽管实际控制人名下上述非股权财产能够覆盖除对公司担保债务以外的对外担保债务，但公司仍存在实际控制人所持公司股份被债权人申请冻结，甚至被执行的可能性，从而影响公司的控股权和实际控制人丧失担任公司董事高管的风险，进而影响公司的日常经营"。

第八节　政府补助

一、审核要点

政府补助问题主要涉及发行人的经营业绩是否对政府补助存在较大依赖。

发行人应从政府补助的具体来源、获取条件、形式、金额、时间及持续情况、分类，政府补助与公司日常活动的相关性等方面，披露报告期内取得政府补助资金的具体情况和使用情况，计入经常性损益与非经常性损益的政府补助金额，以及政府补助相关收益的列报情况是否符合《公开发行证券的公司信息披露解释性公告第1号——非经常性损益》的规定。结合报告期内计入损益的政府补助金额占同期净利润的比例，说明对政府补助的依赖情况。若存在报告期内经营业绩对政府补助存在较大依赖情形，应当进行重大事项提示，并分析披露对发行人经营业绩和持续经营能力的影响。

二、相关案例

以某企业为例，审核反馈询问了发行人经营成果对政府补助是否存在依赖的情形。

发行人补充披露了政府补助的依据、拨付来源、用途，报告期内计入递延收益的政府补助分别为702.51万元、615.59万元、548.40万元，计入其他收益的政府补助分别为184.17万元、326.39万元、332.22万元。

发行人说明了政府补助计入其他收益或递延收益的会计处理依据，与资产相关的政府补助确认为递延收益，在相关资产使用寿命内按照合理、系统的方法分期计入当期损益；相关资产在使用寿命结束前被出售、转让、报废或发生毁损的，将相关递延收益余额转入资产处置当期的损益。与收益相关的政府补助，用于补偿本公司以后相关成本费用或损失的，确认为递延收益，并在确认相关成本费用或损失的期间，计入当期损益；用于补偿企业已发生的相关成本费用或损失的，直接计入当期损益。

发行人结合产业振兴和技术改造2013年中央预算内投资项目、推进"机器换人"深化技术改造补贴、专项技术改造资金、阴极板自动清洗剥片（带垛机）生产线研发补贴、阴极板纵向洗涤系统研发补贴等具体项目中获得的政府补贴情况，论述了报告期内发行人计入当期损益的政府补助占当期利润总额的比例较低，且有下降趋势，2019年度比例为9.03%，发行人经营成果对政府补助不存在重大依赖。

保荐机构和会计师经核查后认为，发行人申报期内政府补助披露准确，与资产相关的政府补助的会计处理符合《企业会计准则》要求，不存在应划分为资产相关的补助被划分为与收益相关的补助的情形；另外，报告期内发行人计入当期损益的政府补助占当期利润总额的比例较低，且有下降趋势，发行人经营成果对政府补助不存在重大依赖。

第九节　重大违法行为

一、审核要点

《上市规则》第 2.1.4 条第（一）项规定，发行人及其控股股东、实际控制人最近三年内不得存在重大违法行为。其中，对于"国家安全、公共安全、生态安全、生产安全、公众健康安全等领域重大违法行为"的判断标准，可以参照如下：

（1）被处以罚款等处罚且情节严重。

（2）导致严重环境污染、重大人员伤亡、社会影响恶劣等。

存在上述违法行为之一的，一般会被视为重大违法行为，但有以下情形之一的，可以不被认定为重大违法行为：

（1）违法行为显著轻微、罚款数额较小。

（2）相关规定或处罚决定未认定该行为属于情节严重。

（3）有权机关证明该行为不属于重大违法。

但涉及严重环境污染、重大人员伤亡、社会影响恶劣等并被处以罚款等处罚的，不适用上述情形，仍会被视为重大违法情形。

二、相关案例

以某企业为例，发行人于 2019 年 5 月及 2020 年 6 月存在两起安全生产行政处罚案例，分别被处以罚款 1.5 万元和 2.5 万元。审核反馈要求发行人说明该安全生产事故是否属于重大违法违规行为，在安全生产事故发生后采取的整改措施和效果，公司安全生产相关制度及其执行情况。

发行人对 2019 年 5 月的行政处罚事项进行了说明："异丙醇存放量超出 0.48 吨、醋酸正丙酯存放量超出 0.72 吨、乙醇存放量超出 0.16 吨、甲基环己烷存放量超出 0.465 吨。"上述行为违反了《南京市安全生产条例》第二十八条第（二）项"违反操作规程或者安全管理规定进行作业"。区应急管理局依据《南京市安全生产条例》第五十七条"生产经营单位及其有关负责人和其他有关人员违反本条例第二十八条规定的，由安全生产监督管理部门给予警告,并可以对生产经营单位处以一万元以上三万元以下罚款,对其有关负责人、其他有关人员处以一千元以上一万元以下罚款"的规定,决定对公司给予警告,处 1.5 万元罚款。

随后,发行人阐述了整改情况,在受到区应急管理局检查和警告后,发行人立即整改,当天便将超量存储的化学产品运送至生产厂家,由厂家保管。之后,公司对化学品保管情况进行了全面检查,并制定了《化学品管理制度》,对公司生产所需化学制品的保管进行了规定,要求员工按照《化学品管理制度》的规定保管化学品;同时,公司已根据《南京市安全生产条例》的规定,对公司安全生产情况进行了全面检查,确保不再发生违反法律法规的情形。之后,区应急管理局再次对公司进行了现场验收,整改情况符合要求,此次处罚未对公司生产经营产生重大不利影响。

最后,发行人通过区应急管理局出具的证明,确认公司上述违法行为不属于重大违法行为,属于一般违法行为。

2020 年 6 月的行政处罚情形类似,不再赘述。

保荐机构和发行人律师通过核查认为,发行人及其子公司所受到的安全生产事故处罚系一般违法行为,不属于重大违法违规行为,公司在事故发生后进行了整改,整改措施效果较好,同时,公司已制定了相关安全生产制度,执行情况良好。公司及其子公司均已取得了安全生产标准化证书,不存在未能取得相关证书即开展生产的情形,不存在重大违法违规风险。

第十节 关联交易

一、审核要点

关联交易并非禁止事项,发行人与控股股东、实际控制人及其关联方之间的关联交易应根据业务模式控制在合理范围内。对于关联交易问题,应重点关注事项如下:

(1) 关联方的财务状况和经营情况。

(2) 发行人报告期内关联方注销及非关联化的情况,非关联化后发行人与上述原关联方的后续交易情况。

（3）关联交易产生的收入、利润总额合理性，关联交易是否影响发行人的经营独立性，是否构成对控股股东或实际控制人的依赖，是否存在通过关联交易调节发行人收入利润或成本费用对发行人利益输送的情形；

（4）发行人披露的未来减少关联交易的具体措施是否切实可行。

二、相关案例

以某企业为例，发行人向关联方采购的商品主要是安全防护系统、监控系统等信息安全产品，2018—2020年，采购金额分别为3.49万元、497.36万元和341.36万元，占同期营业成本的比例分别为0.03%、4.25%和2.83%。为进一步增强独立性并减少关联交易，2021年1月，发行人收购关联方54.5%的股权，收购完成后，关联方为发行人的控股子公司。审核反馈时，对前述收购事项进行了询问，要求发行人补充披露收购关联方的必要性及合理性、定价公允性，以及程序合规性；并结合报告期内发行人向关联方采购的原材料类型、数量、单价及金额，与向独立第三方采购的同类型产品进行对比分析，补充披露关联交易的必要性及价格的公允性。

发行人回复，收购关联方公司系为避免和减少关联交易，进一步强化公司经营能力，提升公司业绩考虑，因此具有必要性。另外，从收购交易的定价、程序规范性角度进行了论述，本次收购定价公允，决策程序合规。

关于关联交易的公允性，公司原材料采购主要以定制的方式进行，由公司提供图纸、参数要求等，关联方按要求进行对外采购或少量自制，鉴于关联方拥有相应的研发技术和较强的议价能力，且产品质量良好，公司将部分信息安全产品委托给天科信安对外采购。发行人向关联方采购的价格与向独立第三方采购的价格不存在重大差异，主要交易条件与非关联交易一致，价格公允。自2021年3月起，发行人将关联方纳入合并范围，之后的关联交易将在合并范围内抵销。

关于其他关联方的关联交易，发行人向某关联企业销售的产品，其产品价格主要通过招投标方式确定。发行人在投标时，均遵循市场定价原则，依据同类商品、服务的市场价值进行项目报价。发行人向该关联企业销售的资金结算方式与其他客户完全一致。该项关联交易未来预计会持续，主要原因如下：

第一，该关联企业所属集团为大型国有煤炭企业，下属多个煤矿，有很大的市场需求。

第二，公司产品与其他供应商相比，价格上无重大区别，且同等质量的产品有价格优势，同等价格的产品有质量优势。

第三，2020年度股东大会审议通过《关于预计公司2021年与关联方日常关联交易》，公司预计2021年度将继续向该关联企业进行销售。

此外，保荐机构和会计师对关联交易事项进行核查后认为：

（1）为避免和减少关联交易，进一步强化公司经营能力，提升公司业绩，发行人收购了关联方，收购关联方定价公允、程序合规。

（2）发行人按照相关业务规则的规定，已完整披露关联方、关联关系和关联交易情况，以及关联自然人控制或施加重大影响的其他企业。

（3）发行人已按相关规定补充披露了关联交易价格的确定方法、占当期同类型交易的比重、与交易相关应收应付款项增减变化的原因，是否仍将持续进行等信息。

（4）发行人已补充披露向关联方采购的原材料类型、数量、单价及金额，与向独立第三方采购的同类型产品或关联方类似产品价格不存在重大差异，价格公允，具有合理的交易背景。

第六章

推动专精特新中小企业发展的相关政策解读

第六章 推动专精特新中小企业发展的相关政策解读

中小企业在申请专精特新,以及北交所上市的过程中,国家各部门及地方政府出台了一系列关于专精特新企业培育与北交所上市的优惠政策,这些政策为促进中小企业发展提供了指引和依据。很多地方政府还对企业上市提供奖励资金,进一步提升企业发展的积极性。

关于这些培育政策和奖励方案,本章以问答形式进行了简要的汇总,希望读者对国家和地方层面的规定有所了解和熟悉,以下问题及解答源自国家关于专精特新中小企业培育,以及挂牌上市相关政策文件及解读。

其中,有关专精特新培育与申报方面的政策文件有:工信部《关于印发〈优质中小企业梯度培育管理暂行办法〉的通知》(工信部企业〔2022〕63号),国务院促进中小企业发展工作领导小组办公室《关于印发提升中小企业竞争力若干措施的通知》(工信部企业〔2021〕169号)、《为专精特新中小企业办实事清单的通知》(工信部企业〔2021〕170号),工信部、国家发改委、科技部等十九部门《关于印发"十四五"促进中小企业发展规划的通知》(工信部联规〔2021〕200号),国务院办公厅《关于进一步加大对中小企业纾困帮扶力度的通知》(国办发〔2021〕45号)。

关于北交所上市企业激励方面的政策有:财政部、税务总局《关于北京证券交易所税收政策适用问题的公告》(财政部、税务总局公告2021年第33号),最高人民法院印发《关于为深化新三板改革、设立北京证券交易所提供司法保障的若干意见》的通知(法发〔2022〕17号),中国证监会《关于高质量建设北京证券交易所的意见》(2023年9月),以及各地为支持企业在北交所上市发布的奖励措施等文件,如北京市科学技术委员会、中关村科技园区管理委员会、北京市地方金融监督管理局印发《关于支持创新型中小企业在北京证券交易所上市融资发展的若干措施》的通知(京科金发〔2022〕95号)、成都市人民政府办公厅印发《成都市关于支持企业北京证券交易所上市若干扶持政策的通知》(成办发〔2022〕18号)等。

第一节 专精特新培育与申报

一、"十四五"期间如何更好地推动中小企业发展

《"十四五"促进中小企业发展规划》(以下简称《规划》)从发展背景、发展思路和目标、主要任务、重点工程、保障措施等5个方面对中小企业的未来工作进行了部署,形成了"5794"的工作思路,即5个发展目标、7项主要任务、9大重点工程、4项保障措施。

(1) 5个发展目标

《规划》从整体发展质量、创新能力和专业化水平、经营管理、服务供给、发展环境5个方面提出了具体目标:一是整体发展质量稳步提高;二是创新能力和专业化水平显著提升;三是经营管理水平明显提高;四是服务供给能力全面提升;五是发展环境进一步优化。

《规划》围绕促进中小企业发展的关键环节提出了一系列定量目标,包括中小企业人均营业收入增长18%以上;规模以上小型工业企业研发经费年均增长10%以上,专利申请数年均增长10%以上,有效发明专利数年均增长15%以上。同时,提出了推动形成100万家创新型中小企业、10万家专精特新中小企业、1万家专精特新"小巨人"企业;培育200个中小企业特色产业集群和10个中外中小企业合作区的量化工作目标。

(2) 7项主要任务

主要任务包括培育壮大市场主体、健全政策支持体系、建立高效服务体系、完善公平竞争环境、提高融资可得性、加强合法权益保护、提升创新能力和专业化水平共7项。

这些任务上承"十四五"发展目标,与"321"工作体系相呼应,是目标的细化和分解,内容上力求做到提纲挈领。下接关键工程,形成了"目标—任务—工程"由宏观到具体的工作链条,构建了"十四五"时期促进中小企业发展的工作框架。

(3) 9大重点工程

作为完成主要任务的具体工作举措,重点提出了9大重点工程。

其中,优质中小企业培育工程、中小企业创新能力与专业化水平提升

工程是为了落实《中华人民共和国国民经济和社会发展第十四个五年规划和2035年远景目标纲要》中关于"支持创新型中小微企业成长为创新重要发源地"的要求。

中小企业数字化促进工程、中小企业绿色发展促进工程、中小企业质量品牌提升工程是从企业内部着眼，旨在提升中小企业自身实力和核心竞争力，推动企业高质量发展；

中小企业服务机构能力提升工程、中小企业融资促进工程、中小企业合法权益维护工程是从企业外部入手，着眼解决长期以来困扰中小企业的难点、痛点和堵点问题，改善企业发展环境。

中小企业国际化促进工程主要是推动中小企业更好地适应和参与构建以国内大循环为主体、国内国际双循环相互促进的新发展格局，加强对外贸易与合作，在国际市场砥砺成长。

（4）4项保障措施

保障措施由加强党的全面领导、加强政策协同和评估督导、加强运行监测和政策研究、营造良好舆论环境4部分组成，这是落实好"十四五"规划的基础和保证。

二、培育专精特新等优质中小企业应遵循怎样的思路

企业发展的关键在于企业自身。专精特新等优质中小企业梯度培育应以内因为主、外因为辅，核心还是依靠企业不断增强内生动力，坚持走专精特新发展道路，政府和社会力量做好优化发展环境、加强服务支持等工作，共同形成培育工作合力。

在培育工作中，坚持完整、准确、全面贯彻新发展理念，坚持有效市场和有为政府相结合，坚持分层、分类、分级指导，坚持动态管理和精准服务，需要政府、社会、市场三方共同发力。各级中小企业主管部门针对本地区不同发展阶段、不同类型中小企业的特点和需求，以政策引领、企业自愿、培育促进、公开透明为原则，健全优质中小企业梯度培育体系，制定分层、分类的扶持政策，完善服务体系建设，维护企业合法权益，不断优化中小企业发展环境。相关事业单位、社会组织等应发挥自身优势，在政策宣传、技术服务、法律援助等方面，积极为中小企业提供公益性服务。市场化服务机构是专业化服务的主力，梯度培育优质中小企业有助于

提升市场化服务的精准性，提高企业获得感。各类市场化服务机构，在坚持市场化规则的基础上，应当理性务实、深入细致地培育这些优质中小企业，陪伴企业共同成长。

优质中小企业培育工作重点在"培育"，只有培育精准才能涌现更多的优质中小企业。工业和信息化部将会同相关部门，着力构建政府公共服务、市场化服务、公益性服务协同促进的服务体系，引导各类服务机构加大对优质中小企业的服务帮扶力度，通过搭建创新成果对接、大中小企业融通创新、创新创业大赛等平台，汇聚服务资源，创新服务方式，为中小企业提供全周期、全方位、多层次的服务。

三、针对专精特新中小企业发展痛点，有哪些具体可落地的解决举措

《为专精特新中小企业办实事清单》（以下简称《实事清单》）为促进专精特新中小企业发展提供了可落地、可执行的解决措施。《实事清单》从政策、服务方面"双管齐下"，以培育更多专精特新中小企业、推动专精特新中小企业加快实现高质量发展为目标，聚焦财税金融等政策支持和促进转型升级等服务支持，提出了涵盖财税支持、信贷支持、直接融资支持、产业链协同创新、创新能力提升、数字化转型、人才智力支持、助力开拓市场、精准对接服务、万人助万企活动等10项实事、31条具体任务。具体概述如下：

一是聚焦财税支持。2022年底中央财政安排不少于30亿元，支持1300家左右"小巨人"企业；开展税收服务"春雨润苗"专项行动，确保税费政策应享尽享。

二是聚焦信贷支持。鼓励银行业金融机构量身定制金融服务方案，打造专属信贷产品，鼓励保险机构提供信用保险服务，国家开发银行为技术改造和转型升级提供金融支持。

三是聚焦资本市场支持，在区域性股权市场推广设立专精特新专版，探索为专精特新中小企业申请在"新三板"挂牌开辟绿色通道。

四是聚焦产业链协同，推荐"小巨人"企业参与重点产品和工艺"一条龙"示范应用，面向专精特新中小企业组织实施一批工程化应用验证项目，向大型骨干企业定向推荐"小巨人"企业及产品。

五是聚焦创新能力提升，支持有条件的专精特新中小企业优先参与新培育的制造业创新中心建设，推动产学研供需双向"揭榜"，强化知识产权、公益性节能诊断、计量技术等服务，工业和信息化部所属事业单位对"小巨人"企业减半收取非强制测试认证服务费。

六是聚焦数字化转型，打造一批数字化标杆企业，组织开展智能制造进园区活动，为不少于10万家中小企业提供数字化转型评价诊断服务和解决方案。

七是聚焦人才支持，组织专精特新中小企业人才培训，推动各地建设一批工程师协同创新中心、专家志愿服务团或服务站。

八是聚焦市场开拓，在中国国际中小企业博览会、APEC中小企业技术交流暨展览会设计专精特新展区，开展中小企业跨境撮合活动，为"小巨人"企业提供出口信用保险支持。

九是聚焦精准服务，建设全国中小企业服务一体化平台移动端，为专精特新中小企业定制专属服务包，举办全国专精特新中小企业高峰论坛。

十是聚焦地方助企，为每家专精特新中小企业配备一名服务专员，一企一策，精准培育，引导地方创造性地提出实施支持专精特新中小企业发展的务实举措。

四、关于专精特新中小企业培育标准，国家层面有无统一的指引规范

工信部《优质中小企业梯度培育管理暂行办法》对专精特新中小企业培育标准进行了详细规定，明确了创新型中小企业、专精特新中小企业、专精特新"小巨人"企业的评价或认定标准。

其中，创新型中小企业评价标准包括创新能力、成长性、专业化3类6个指标，满分为100分，企业得分60分以上即符合创新型中小企业标准。考虑到创新型中小企业是优质企业培育的广泛基础，因此标准设置不宜过高。

专精特新中小企业认定标准包括从事特定细分市场年限、研发费用总额、研发强度、营业收入等基本条件，并从专、精、特、新4个方面设置13个指标进行综合评分，满分为100分，企业得分60分以上即符合专精特新中小企业标准。考虑到各地企业发展水平有差异，在坚持全

国统一标准的基础上，留有 15 分"特色指标"由各省结合本地特色设置，既确保企业水平总体上大致相当，又鼓励地方结合实际创造性地开展工作。

专精特新"小巨人"企业认定标准围绕专、精、特、新，以及产业链配套、主导产品 6 个方面，分别提出定量和定性指标。考虑到专精特新"小巨人"企业是优质中小企业的排头兵，因此被认定企业需满足全部指标要求。

同时，为避免一些创新能力突出、产业链作用突出的企业因为"偏科"无法通过，通过设置直通车的方式，向这类企业适度倾斜。

五、创新型中小企业、专精特新中小企业、专精特新"小巨人"企业三者有什么区别和联系

创新型中小企业、专精特新中小企业、专精特新"小巨人"企业是优质中小企业培育的 3 个层次，三者相互衔接、共同构成梯度培育体系。

（1）创新型中小企业具有较高专业化水平、较强创新能力和发展潜力，是优质中小企业的基础力量，培育目标是 100 万家左右。

（2）专精特新中小企业实现专业化、精细化、特色化发展，创新能力强，质量效益好，是优质中小企业的中坚力量，培育目标是 10 万家左右。

（3）专精特新"小巨人"企业位于产业基础核心领域和产业链关键环节，创新能力突出、掌握核心技术、细分市场占有率高、质量效益好，是优质中小企业的核心力量，培育目标是 1 万家左右。

3 类企业代表了优质中小企业发展的不同阶段，在评价或认定标准的设置上，也体现了这一思路。希望初创中小企业能够沿着这样一个梯度发展，脚踏实地、聚焦主业、砥砺奋进、开拓创新；经过若干年的持续培育，这些优质中小企业中能够有一大批成长为国内国际知名企业，为我国的经济社会发展作出更大的贡献。

六、是不是所有企业都可以申报专精特新企业

我国鼓励各类中小企业创新发展，所有在中华人民共和国境内工商部门注册登记、具有独立法人资格，符合《中小企业划型标准规定》的企业，不区分所有制，都可以申报专精特新企业。

但是，专精特新企业作为优质中小企业代表，还必须满足一些基本要求。例如，未被列入经营异常名录或严重失信主体名单，提供的产品（服务）不属于国家禁止、限制或淘汰类，近三年未发生过重大安全（含网络安全、数据安全）、质量、环境污染等事故，以及偷、漏税等违法违规行为等。

在产业导向上，优质企业培育对象以制造业企业、制造业和信息化相融合的企业为主，突出产业链属性，重点鼓励培育产业链供应链关键环节及核心领域的企业。有些住宿餐饮、批发零售、房地产、娱乐业等传统行业企业暂不列为培育对象。同时，国家层面加强动态管理，如果发现已被认定的企业有严重违法违规行为或数据造假的，则坚决取消认定。

七、企业如何参与专精特新评价和申请

优质中小企业的评价和申请，坚持企业自愿、公开透明的原则。

创新型中小企业评价，由企业按属地原则自愿登录优质中小企业梯度培育平台参与自评，省级中小企业主管部门根据评价标准，对企业自评信息、相关佐证材料进行审核、实地抽查和公示。公示无异议的，由省级中小企业主管部门公告为创新型中小企业。

专精特新中小企业的认定，由创新型中小企业按属地原则自愿提出申请，省级中小企业主管部门根据认定标准，对企业申请材料和相关佐证材料进行审核、实地抽查和公示。公示无异议的，由省级中小企业主管部门认定为专精特新中小企业。

专精特新"小巨人"企业的认定，由专精特新中小企业按属地原则自愿提出申请，省级中小企业主管部门根据认定标准，对企业申请材料和相关佐证材料进行初审和实地抽查，并向工业和信息化部推荐，工业和信息化部对被推荐企业进行审核、抽查和公示。公示无异议的，由工业和信息化部认定为专精特新"小巨人"企业。

各省级中小企业主管部门将就创新型中小企业评价和专精特新中小企业认定工作出台实施细则，具体参与评价和申请的流程请以省级中小企业主管部门出台的实施细则为准。工业和信息化部每年将印发开展专精特新"小巨人"企业认定工作的通知，具体申请流程以工信部通知为准。

第二节 专精特新中小企业支持政策

一、国家层面支持政策

2021年1月，财政部、工信部联合发布《关于支持专精特新中小企业高质量发展的通知》，通过中央财政资金进一步支持中小企业专精特新发展。

"十四五"期间，中央财政中小企业发展专项资金将安排100亿元以上奖补资金，引导地方完善扶持政策和公共服务体系，分3批（每批不超过3年）支持1000余家国家级专精特新"小巨人"企业加大创新投入力度，由工业和信息化部商财政部从已认定的专精特新"小巨人"企业中择优选定（重点"小巨人"）（不含已在上交所主板、科创板和深交所主板、中小板、创业板，以及境外公开发行股票的）；同时，支持国家（或省级）中小企业公共服务示范平台，由省级中小企业主管部门商同级财政部门从工业和信息化部（或省级中小企业主管部门）认定的国家（或省级）中小企业公共服务示范平台中选定，每个省份每批次自主确定不超过3个平台[①]。

资金支持对象：被纳入选拔范围的企业是工业和信息化部认定的专精特新"小巨人"企业。在此基础上，企业可自愿申请，并由地方推荐。工信部、财政部通过一套可量化、可考核的统一标准，在地方推荐企业名单的基础上，在全国范围内统一排名，优中选优。

资金使用要求：对于重点"小巨人"企业所获奖补资金，充分发挥企业能动性，不限制奖补资金使用方向，由企业围绕专精特新发展目标自主安排使用。对于示范平台所获奖补资金，必须用于服务专精特新"小巨人"企业，不得用于平衡本级财政预算，不得用于示范平台自身建设、工作经费等；如果检查考核发现存在此类问题，则酌情扣减有关奖补资金。对检查考核发现以虚报、冒领等手段骗取财政资金的，按照《财政违法行

---

① 数据来源于国新办举行2021年工业和信息化发展情况新闻发布会图文实录 http://www.scio.gov.cn/xwfbh/xwbfbh/wqfbh/47673/47746/wz47748/Document/1719088/1719088.htm。

为处罚处分条例》等有关规定处理。

二、省市层面支持政策

为了扶持专精特新中小企业的发展，各地加快出台奖补标准和政策，加大力度奖励国家级专精特新"小巨人"企业和省市级专精特新中小企业。如北京市对"小巨人"企业的补助是以服务券的形式进行的，企业可申请多张、叠加使用，每张面额为10000元；每批次每家企业至多可申领20万元的服务券，3年不超过60万元；浙江省对国家级专精特新"小巨人"企业一次性奖补50万～100万元；陕西省对国家级专精特新"小巨人"企业和"制造业单项冠军"企业，一次性奖励额度一般最高不超过50万元；新进入"新三板"挂牌企业一次性奖励50万元。

第三节 北交所上市政策

一、北交所深改19条

2023年9月1日，证监会发布了《关于高质量建设北京证券交易所的意见》（简称"北交所深改19条"），这是北交所成立两年以来，第一次全面、系统、深入地改革。

文件提出未来高质量建设北交所的目标是：与新三板层层递进、上下联动、头部反哺、底层助推的格局初步构建，服务创新型中小企业的"主阵地"效果更加明显。带动新三板成为创新型中小企业蓬勃发展的孵化地、示范地、集聚地。

从2021年9月北交所设立时"打造服务创新型中小企业主阵地"，到2022年9月"打造服务创新型中小企业的一流交易所"，再到2023年9月"成为创新型中小企业蓬勃发展的孵化地、示范地、集聚地"，北交所的发展始终围绕中小企业科技创新展开，成为中小企业的上市主阵地。

在上述目标指引下，本次改革在诸多方面提出了一系列目标，主要如下：

（1）扩大投资者队伍。为已开通科创板权限的投资者优化北交所开户手续，便利潜在投资者参与市场，扩大北交所投资者队伍。

（2）优化发行上市制度安排。明确发行条件中"已挂牌满 12 个月"的口径为"交易所上市委审议时已挂牌满 12 个月"，允许符合条件的优质中小企业首次公开发行并在北交所上市。

（3）完善交易机制。扩大北交所做市商队伍，允许符合条件的新三板做市商参与北交所做市业务。

（4）扩大融资融券标的范围。将全部北交所存量上市公司股票纳入融资融券标的，有利于增加总体融资交易规模，吸引增量资金入市，提高流动性。

（5）改革发行承销制度。不再要求发行人提前确定发行底价，可将后续询价或定价产生的价格作为发行底价，提升新股发行定价的市场化水平，促进一二级市场平衡发展。

（6）加强多层次市场互联互通。优化北交所同沪深交易所转板沟通、协作机制，顺畅转板机制。优化新三板分层标准，取消进入创新层前置融资要求。

同时，北交所配套修订发布了《北京证券交易所投资者适当性管理办法》《北京证券交易所投资者适当性管理业务指南》《北京证券交易所上市公司持续监管指引第 7 号——转板》《北京证券交易所股票做市交易业务细则》《北京证券交易所股票做市交易业务指引》《北京证券交易所关于融资融券标的股票范围调整的公告》《全国中小企业股份转让系统分层管理办法》等规定，对上述改革进行细化落实。

二、北京证券交易所税收政策

2021 年 11 月，财政部、税务总局发布了《关于北京证券交易所税收政策适用问题的公告》（以下简称《公告》），明确了北交所税收政策适用问题。

理论上讲，北交所属于 A 股上市公司，税收政策应该等同于沪深上市公司的政策，但根据该公告，不同税种适用不同的政策。

（1）投资北交所上市公司涉及的个人所得税、印花税相关政策，暂按照现行新三板相关税收规定执行。

关于新三板个人所得税的政策，在公开买卖股票及其分红的个人所得税方面，北交所与沪深交易所规则相同；但在限售股转让及股权激励个人所得税方面，北交所和沪深交易所的规则略有差异。具体可参见财政部、国家税务总局、中国证券监督管理委员会《关于个人转让全国中小企业股份转让系统挂牌公司股票有关个人所得税政策的通知》（财税〔2018〕137号），财政部、税务总局、证监会《关于继续实施全国中小企业股份转让系统挂牌公司股息红利差别化个人所得税政策的公告》（财政部、税务总局、证监会公告2019年第78号），财政部、国家税务总局《关于完善股权激励和技术入股有关所得税政策的通知》（财税〔2016〕101号），等等。

关于新三板印花税的政策，依据财政部、国家税务总局《关于在全国中小企业股份转让系统转让股票有关证券（股票）交易印花税政策的通知》（财税〔2014〕47号），在全国中小企业股份转让系统买卖、继承、赠予股票所书立的股权转让书据，依书立时实际成交金额，由出让方按1‰的税率计算缴纳证券（股票）交易印花税。该规则与沪深交易所相同，具体可参见财政部、国家税务总局《关于证券交易印花税改为单边征收问题的通知》（财税明电〔2008〕2号）

（2）涉及企业所得税、增值税相关政策，按现行上市公司的税收政策，即《中华人民共和国企业所得税法》及其实施条例、财政部国家税务总局《关于全面推开营业税改征增值税试点的通知》（财税〔2016〕36号）及有关规定执行，北交所与沪深交易所的规则相同。

三、关于北交所的司法保障措施

2022年6月，最高人民法院发布了《关于为深化新三板改革、设立北京证券交易所提供司法保障的若干意见》的通知（以下简称"通知"），从司法角度就如何正确审理北京证券交易所上市公司相关案件等问题进行了阐述。

通知提到，对于北京证券交易所涉及纠纷，积极引导当事人先行通过证券交易所听证、复核等程序表达诉求，寻求救济。另外，将进一步健全证券诉讼和纠纷多元化解机制，充分发挥证券集体诉讼的制度功能。

相较沪深上市公司，北交所的创新型中小企业处于发展早期，规模体量相对较小。在办理涉及中小企业及证券中介机构虚假陈述案件时，要立足被诉中小企业尚属创业成长阶段这一实际，准确理解证券中介机构责任承担与注意义务、注意能力和过错程度相适应原则,力戒"一刀切"。对于信息披露质量的标准不宜等同于发展成熟的沪深上市公司,应做到宽严适度,即对于财务报表中的不实记载系由会计差错造成的,在信息披露文件中的技术创新、研发预期等无法量化内容的宣传进行合理商业宣传的,以及信息披露文件中未予以指明的事实对于判断发行人的财务、业务和经营状况等无足轻重的,可视情形认定该虚假陈述内容不具有重大性,为创新型中小企业创业创新营造良好环境。

关于北交所上市公司与投资方签署的对赌协议,如未明确约定公司非控股股东与控股股东或者实际控制人就业绩补偿承担连带责任的,投资方要求非控股股东承担连带责任的,一般不予支持。在上市公司定向增发过程中,对于投资方利用优势地位与上市公司及其控股股东、实际控制人订立的"定增保底"性质条款,因其赋予了投资方优越于其他同种类股东的保证收益特殊权利,变相推高了中小企业融资成本,违反了证券法公平原则和相关监管规定,法院应认定该条款无效。

在刑事责任方面,严防"带病闯关",依法从严惩处通过财务造假等方式在北交所上市,或者上市后发行证券引起的欺诈、腐败等犯罪行为。严惩违规披露、不披露重要信息、内幕交易、利用未公开信息交易、操纵证券市场、背信损害上市公司利益等犯罪行为,依法加大财产刑罚处罚力度,严格控制缓刑适用。对于假借新三板名义非法集资行为,以"新三板挂牌公司原始股"名义吸引投资者、未经合规发行程序违规募集资金构成犯罪的,依法从严惩处。

四、北交所上市企业可享受哪些政府支持

各地政府在北交所上市政策出台后,陆续出台了关于北交所上市的奖励措施,省、市、区各级奖励资金累计从几百万元至上千万元。以成都市为例,对发行上市申请被北交所正式受理的企业,给予100万元奖励;在北交所首发上市的企业,按实际募资净额(扣除发行费用)的1%给予最高不超过350万元的奖励,即二者相加,仅在成都市级层面,给予北交所上市企业最高450万元的奖励。

除直接的资金奖励外,对北交所上市企业还有其他诸多方面的优惠措施,以北京市为例。

（1）解决历史遗留问题。为企业提供财税、土地、环保等合规问题协调服务，对企业上市涉及的历史遗留问题，协调市区有关部门及时研究解决。

（2）上市前融资。建立与银行、担保机构的信息沟通渠道，促进其为企业上市开发专属信贷产品、提供担保、增信等服务。

（3）人才引进。支持符合条件的北交所上市企业开展股权激励和奖励，相关个人所得税可分期缴纳。支持北交所上市企业引进核心管理和技术人员，为其聘用的外籍人才提供出入境、工作和居留许可办理便利。

（4）扩大研发、产业化空间。推动北交所上市企业与相关区政府开展对接，协调企业发展所需的办公空间、成果转化和产业化基地等，引导企业按照中关村示范区分园产业定位在相应园区落地发展。

附 录

相关政策汇编

关于印发"十四五"促进中小企业发展规划的通知

工信部联规〔2021〕200号

各省、自治区、直辖市、计划单列市及新疆生产建设兵团有关部门、机构：

现将《"十四五"促进中小企业发展规划》印发给你们，请结合实际，认真贯彻实施。

工业和信息化部

国家发展和改革委员会

科学技术部

财政部

人力资源和社会保障部

农业农村部

商务部

文化和旅游部

中国人民银行

海关总署

国家税务总局

国家市场监督管理总局

国家统计局

中国银行保险监督管理委员会

中国证券监督管理委员会

国家知识产权局

中国国际贸易促进委员会

中华全国工商业联合会

国家开发银行

2021年12月11日

"十四五"促进中小企业发展规划

中小企业是国民经济和社会发展的生力军，是建设现代化经济体系、推动经济实现高质量发展的重要基础，是扩大就业、改善民生的重要支撑。为贯彻落实党中央、国务院决策部署和《中华人民共和国中小企业促进法》，按照《中华人民共和国国民经济和社会发展第十四个五年规划和2035年远景目标纲要》总体要求，促进"十四五"时期中小企业高质量发展，制定本规划。

一、发展背景

（一）发展回顾

"十三五"时期，党中央、国务院高度重视中小企业发展，法律政策支持体系不断健全，公共服务体系加快完善，中小企业持续健康发展，综合实力、核心竞争力和社会责任能力不断增强，在国民经济和社会发展中的地位进一步凸显，尤其是在保市场主体、稳定增长、扩大就业、应对新冠肺炎疫情等方面发挥了十分重要的作用。

1. 发展实力不断增强。"十三五"时期，中小企业数量大幅增加，吸纳就业作用更加显著，经营实力不断加强，经济贡献稳步提高。截至2020年底，全国市场主体总数超1.4亿户，其中，企业数达4331万，分别较2015年底的7746.9万户和2185万户大幅增长。以2020年规模以上企业（包括规模以上工业、服务业，有资质的建筑业，限额以上批发和零售业、住宿和餐饮业企业）为例，其中，中小企业数90.9万户，占全部规模以上企业的95.68%，营业收入137.3万亿元，占全部规模以上企业的60.83%，资产总额168.3万亿元，占全部规模以上企业的55.01%，地位作用突显；与2015年相比，中小企业数增长了12.8%，营业收入增长了16.5%，资产总额增长了40.2%，各方面稳步增长。

2. 创新能力不断提升。中小企业成为技术创新和模式创新的生力军，2020年规模以上工业企业中，有研发活动的小微企业占全部有研发活动企业的比重为81.1%，研发经费比2015年增长102.5%，有效发明专利数比2015年增长233.2%。中小企业创新活力迸发，培育专精特新"小巨人"企业1832家、省级专精特新中小企业3万多家，纳入培育库11.3万家；培育入库科技型中小企业22.3万家。新一代信息技术应用能力进一步提高，小微企业两化融合发展水平从2015年的36.4提高到2020年的46.1。创新创业环境不断优化，培育212家大众创业万众创新示范基地、343家国家小型微型企业创业创新示范基地和2500多家省级小型微型企业创业创新示范基地、1.4万多家众创空间和孵化器，支持30个城市开展"小微企业创业创新基地城市示范"工作，培育支持200家实体开发区打造大中小企业融通型、专业资本集聚型等创新创业特色载体。全国"双创"活动周、"创客中国"中小企业创新创业大赛、中国创新创业大赛等活动深入开展。

3. 服务体系更加完善。培育认定国家中小企业公共服务示范平台585家、省级示范平台3300多家，中小企业公共服务平台网络带动近10万家社会化服务机构为中小企业提供服务，超过4000家高校院所等单位的9.4万台（套）大型科研仪器向企业开放共享。各类互联网信息服务平台加快搭建，深入开展数字化赋能专项行动和电子商务公共服务惠民惠企行动，中小企业数字化网络化智能化水平稳步提升。建立计量服务中小企业公共服务平台，开展"计量服务中小企业行"活动。管理咨询、企业诊断、人才培训不断推进，累计完成中小企业经营管理领军人才培训7000多人。公益化服务普遍开展，疫情期间仅助力复工复产志愿者累计注册30万人。企业合法权益保护力度加大，清理拖欠民营企业中小企业账款专项行动累计清偿政府部门和大型国有企业拖欠民营企业中小企业款项8500多亿元。对外交流合作不断深化，14个中外中小企业合作区建设稳步推进，对接交流平台进一步拓展，中小企业参与"一带一路"建设和国际贸易程度不断加深。

4. 发展环境进一步改善。《中华人民共和国中小企业促进法》修订出台，全国人大常委会开展执法检查推动法律贯彻落实，《保障中小企业款项支付条例》制定出台，《关于促进中小企业健康发展的指导意见》《关于健全支持中小企业发展制度的若干意见》等系列政策文件相继印发，省级以上人民政府均建立促进中小企业发展工作协调机制。企业营商环境不断改善，商事制度改革效果明显，市场准入负面清单制度、公平竞争审查制度稳步实施，开展减轻企业负担和促进中小企业发展专项督查、中小企业发展环境第三方评估。财税支持力度不断加大，2016—2020年中央财政中小企业发展专项资金累计安排362亿元支持中小企业发展，政府采购中授予中小企业金额占比超过70%；实施降低增值税税率、降低社保费费率、阶段性减免社会保险费、小微企业普惠性税收减免等政策，享受税收优惠政策的范围不断扩大，"十三五"期间全国新增减税降费累计超过7.6万亿元。金融服务中小企业能力稳步提升，2016—2020年中央财政累计拨付普惠金融发展专项资金467亿元，2020年末中小微市场主体贷款余额76万亿元，其中普惠小微贷款余额15.1万亿元、支持小微经营主体3228万户。设立国家融资担保基金，政府性融资担保体系不断健全。设立科创板，并在科创板、创业板试点注册制，推动注册制改革，深化新三板改革，设立国家中小企业发展基金、国家新兴产业创业投资引导基金，中小企业直接融资市场更加广阔，规模不断扩大。

与此同时，我国中小企业发展仍然存在一些问题，中小企业平等待遇仍缺乏有效保障，损害企业权益现象时有发生；融资难融资贵问题尚未有效缓解，融资促进措施有待进一步创新和落实；公共服务供给与需求不够匹配，创新资源获取渠道不够畅通，中小企业发展水平区域间不平衡问题突出；促进中小企业发展的工作机制亟待进一步完善，效能有待进一步提升。

（二）发展形势

当今世界正经历百年未有之大变局，新一轮科技革命和产业变革深入发展，国际力量对比深刻调整，和平与发展仍然是时代主题。"十四五"时期是我国全面建成小康社会、实现第一个百年奋斗目标之后，乘势而上开启全面建设社会主义现代化国家新征程、向第二个百年奋斗目标进军的第一个五年，中小企业面临的机遇和挑战将发生新的变化。

从机遇来看，"十四五"期间，新发展理念的贯彻落实，科教兴国战略、人才强国战略、创新驱动发展战略以及制造强国、网络强国、质量强国等战略的全面推进，将推动中小企业政策体系更加完善，为中小企业转型升级，提升创新能力、竞争力和综合实力提供有力的政策保障。新发展格局的逐步构建，以人为核心的新型城镇化战略和乡村振兴战略的深入实施，居民消费水平和层次的不断提升，将促进国内国际市场布局、产业循环、商品结构、贸易方式不断优化，有利于充分发挥我国国内超大规模市场优势，为中小企业带来更加广阔的市场空间。有效市场和有为政府的更好结合，将推动高标准市场体系加快建设，公平竞争机制不断完善，同时加速转变政府职能，持续推进"放管服"改革，为中小企业提供更为有利的发展环境。新一轮科技革命和产业变革的迅猛发展,将改变以往的资源配置方式、生产组织方式和价值创造方式,引导传统产业优化升级、未来产业加速形成,推动创新资源加速向中小企业汇聚,促进中小企业成长为创新重要发源地,不断提升核心竞争力和综合实力。

从挑战来看,世界经济陷入低迷期,经济全球化遭遇逆流,新冠肺炎疫情影响广泛深远,不稳定性不确定性明显增加,产业链供应链循环受阻,中小企业转型升级、市场开拓面临的挑战加大。国内经济结构调整任重道远,生态环境保护压力加大,实现碳达峰、碳中和目标任务艰巨,中小企业传统发展模式难以为继。垄断、资本无序扩张等问题依然存在,保障中小企业公平参与市场竞争的外部环境有待进一步完善。中小企业自身主要分布在传统产业和价值链中低端,资源能源利用效率、创新能力和专业化水平不高;内部治理结构不完善、财务不规范等问题普遍存在;抗风险能力不强,面对贸易摩擦、疫情冲击等因素叠加影响,受到冲击较大。

综合判断,"十四五"时期中小企业仍处于重要战略机遇期,机遇和挑战共存,使命和责任同担。中小企业是我国经济韧性、就业韧性的重要支撑,在新形势下要承担起更多新的重要使命,成为保市场主体、保居民就业的主力军,推动国内国际双循环的有力支撑,保持产业链供应链稳定性和竞争力的关键环节,解决关键核心技术卡脖子问题的重要力量,为实现共同富裕奠定坚实的基础。

二、发展思路和目标

(一)指导思想

以习近平新时代中国特色社会主义思想为指导,深入落实习近平总书记关于中小企业发展的重要指示批示精神,贯彻党的十九大和十九届二中、三中、四中、五中、六中全会精神,完整、准确、全面贯彻新发展理念,深入实施《中华人民共和国中小企业促进法》,以推动中小企业高质量发展为主题,以改革创新为根本动力,坚持"两个毫不动摇",围绕"政策体系、服务体系、发展环境"三个领域,聚焦"缓解中小企业融资难、融资贵,加强中小企业合法权益保护"两个重点,紧盯"提升中小企业创新能力和专业化水平"一个目标,构建"321"工作体系,支持中小企业成长为创新重要发源地,进一步增强中小企业综合实力和核心竞争力，推动提升产业基础高级化和产业链现代化水平，为加快发展现代产业体系、巩固壮大实体经济根基、构建新发展格局提供有力支撑。

(二) 基本原则

坚持创业兴业，激发市场活力。培育壮大市场主体，扩大就业规模。弘扬创业精神，拓宽创业渠道，完善创业服务，加强创业兴业指导和政策扶持。大力发展民营经济，破除各类体制机制障碍，保障企业依法平等使用资源要素，公平参与市场竞争。

坚持创新驱动，提升发展质量。推动中小企业理念、技术、组织、管理和模式创新，增强创新动力，提升创新能力，提高企业全要素生产率。立足构建新发展格局，坚持创新牵引供给，供给创造需求，推动中小企业以创新驱动、数字化转型、高质量供给，提升整体发展水平。

坚持绿色集约，促进协同发展。以绿色发展为导向，以特色产业集群、产业园区为载体，推动中小企业集聚化、绿色化发展。聚焦重点产业链供应链，促进上下游、产供销、大中小企业协同配套、融通发展。优化产业布局，加大产业转移与交流合作力度，推动区域间中小企业协同发展。

坚持分类指导，提高服务效能。加强对不同类型、不同成长阶段、不同区域中小企业的分类指导，突出重点，精准施策。健全政府公共服务、市场化服务、社会化公益服务相结合的中小企业服务体系，促进服务标准化、精准化、特色化、便捷化，提升企业的获得感和满意度。

(三) 发展目标

1. 整体发展质量稳步提高。中小企业数量稳步增长，运营效益稳步提升，吸纳就业能力稳步提高，单位产值能耗稳步下降，在提升产业基础高级化和产业链现代化水平方面的作用更加突出，对经济发展的支撑作用进一步巩固。中小企业人均营业收入增长18%以上。

2. 创新能力和专业化水平显著提升。规模以上小型工业企业研发经费年均增长10%以上，专利申请数年均增长10%以上，有效发明专利数年均增长15%以上。中小企业数字化网络化智能化绿色化转型步伐明显加快。推动形成一百万家创新型中小企业、十万家专精特新中小企业、一万家专精特新"小巨人"企业。培育200个中小企业特色产业集群和10个中外中小企业合作区，大中小企业融通创新、产学研协同创新向纵深发展，中小企业创新生态不断完善。

3. 经营管理水平明显提高。中小企业现代企业制度不断完善，内部治理结构不断优化，优秀企业家、专业技术人才和职业技能人才大幅增加，质量管理水平、合规经营水平和国际化水平持续提升，品牌影响力、核心竞争力和抗风险能力明显增强，安全生产意识和社会责任意识进一步提高。

4. 服务供给能力全面提升。政府公共服务、市场化服务、社会化公益服务协同促进的服务体系进一步完善。培育一批影响力大、实力强、服务效果突出的中小企业服务示范机构，服务覆盖面不断扩大，服务内容更加丰富，服务方式更加优化，服务质量持续提升。中小企业获取服务更加便捷，满意度稳步提升。

5. 发展环境进一步优化。市场准入制度更加稳定公开透明可预期，税费负担进一步减轻，维护中小企业合法权益机制逐步建立，营商环境持续改善。金融促进中小企业发展的机制更加完善，小微企业贷款同比增速不低于各项贷款同比增速，授信户数持续增加，综合融资成本稳中有降，直接融资占比明显提高。中小企业双多边合作机制进一步深化和拓展。

三、主要任务

（一）培育壮大市场主体

落实就业优先政策，支持吸纳就业能力强的中小企业发展。深入实施大众创业万众创新政策，大力弘扬创业精神，倡导宽容失败的创业文化，积极营造大众创业社会氛围。继续举办各类中小企业创新创业活动，优化各类创业载体布局，完善创业孵化、创业辅导和创业支撑服务体系。完善中小企业人才培养和管理咨询服务机制，引导中小企业加强现代企业制度建设，优化企业人才结构，实施"增品种、提品质、创品牌"战略。总结推广"小升规、规改股、股上市"等经验做法，支持企业兼并重组和做大做强。聚焦特色产业和细分领域，打造中小企业集群、园区等载体。支持欠发达地区、少数民族地区中小企业发展壮大。

（二）健全政策支持体系

全面实施《中华人民共和国中小企业促进法》，依法加快出台公平竞争、促进就业、鼓励创新、融资促进等法律配套政策和制度，修订出台《中小企业划型标准规定》。提高财政支持的精准度和有效性，通过中小企业发展专项资金重点引导支持国家级专精特新"小巨人"企业高质量发展，并支持中小企业公共服务示范平台强化服务水平。强化政府采购支持中小企业政策机制，落实预留份额、价格评审优惠等措施，提高中小企业在政府采购中的份额。落实有利于小微企业发展的税收政策，依法对符合条件的小微企业实行缓征、减征、免征企业所得税、增值税等措施，简化税收征管程序。落实行政事业性收费清费降费政策，减轻小微企业负担。

（三）建立高效服务体系

建立健全横向集聚政府公共服务、市场化服务、社会化公益服务各类服务资源，纵向贯穿国家、省、市、县四级的网络化、智慧化、生态化服务体系。持续推进"放管服"改革，重点推进商事制度改革、"证照分离"改革，提升政务服务水平，推动登记注册便利化，降低制度性交易成本。完善政务信息发布渠道，健全跨部门政策信息互联网发布平台，支持建设中小企业信息、技术、进出口和数字化转型综合性服务平台。推动市场化服务机构加快发展，探索建立服务激励和效果评价机制，促进扩大服务供给、丰富服务内容、提高服务质量、提高服务响应速度、规范服务收费，不断满足中小企业个性化服务需求。推动开展中小企业志愿服务和公益性服务，探索建立规范成熟的志愿服务和公益性服务模式。加大中小企业海外服务体系建设力度。

（四）完善公平竞争环境

坚持权利平等、机会平等、规则平等，对各类所有制市场主体一视同仁。落实《反垄断法》《反不正当竞争法》，加大反垄断监管力度，着力预防和制止排除、限制中小企业公平参与市场竞争的垄断行为，严厉打击各类不正当竞争行为，加强对中小企业合法经营活动的保护。防止资本无序扩张，促进各类生产要素有序流动、高效配置，保护中小企业经营者的合法权益。进一步优化公平竞争政策顶层设计，强化公平竞争审查刚性约束，保障中小企业在市场准入和退出、获得资源要素、享受优惠政策、接受行政监管等方面平等待遇，为中小企业发展营造公平有序的竞争环境。

（五）提高融资可得性

综合运用货币、财政等政策工具及差异化监管措施，引导金融机构加大对小微企业信贷支持力度，促进形成敢贷、愿贷、能贷、会贷的长效机制。健全信用信息共享机制，支持金融机构运用金融科技创新金融产品和服务，推动供应链金融场景化和生态化，加强对创新型中小企业的支持。进一步规范涉企金融服务收费，推动小微企业综合融资成本稳中有降。健全政府性融资担保体系，完善融资担保风险补偿机制和绩效考核激励机制。增强多层次资本市场融资功能，完善差异化制度安排，扩大中小企业直接融资规模。发挥政府投资基金带动作用，引导创业投资机构和社会资本投早、投小、投长期、投创新、投绿色。

（六）加强合法权益保护

依法保护中小企业及其出资人的财产权和其他合法权益，保护企业经营者人身和财产安全。贯彻落实《保障中小企业款项支付条例》，建立预防和化解拖欠中小企业款项问题的长效机制。健全知识产权纠纷多元化解机制和知识产权维权援助机制，加大对知识产权的保护力度。完善中小企业维权救济制度，建立健全中小企业应急救援救济机制。加强普法宣传，开展中小企业合法权益维护活动，完善维权援助线上服务，提高中小企业维权意识和能力。

（七）提升创新能力和专业化水平

深入实施创新驱动发展战略，发挥市场在创新资源配置中的决定性作用，完善中小企业创新服务体系，营造鼓励和保护创新的制度环境，激发企业创新内生动力。推动土地、资本、技术、人才、数据等要素资源向创新型中小企业集聚，引导高等院校、科研院所和大型企业等与中小企业广泛开展产学研合作，引导大型企业开放场景应用、共享生产要素、搭建共性技术平台，鼓励产业链上中下游、大中小企业融通创新。健全科技成果转化机制，鼓励将符合条件的由财政资金支持形成的科技成果以合适方式许可给中小企业使用，推动降低中小企业获取专利技术门槛。引导中小企业应用先进技术、工艺等，加快数字化网络化智能化绿色化转型步伐。支持中小企业集聚集约化发展，针对细分市场或专门客户群体，开发专项技术或生产工艺，形成比较优势。

四、重点工程

（一）优质中小企业培育工程

1. 构建创新型中小企业评价体系

研究制定创新型中小企业评价标准和流程，构建"全网上、一站式"

企业自主评价机制，从创新能力、发展活力、经营效益等方面开展创新型中小企业客观评价，为优质中小企业培育提供支撑。构建专精特新中小企业、专精特新"小巨人"企业标准体系和评价机制，为优质中小企业精准"画像"。建立覆盖创新型中小企业、专精特新中小企业、专精特新"小巨人"企业的数据库，形成动态调整入库机制。加强对入库企业的跟踪分析，为入库企业提供政策智能推送、管理咨询、商业价值评估等定制化、智能化的服务。

2. 建立中小企业梯度培育体系

建立部门协同、上下联动的工作机制，聚焦创新型中小企业、专精特新中小企业、专精特新"小巨人"企业，构建从孵化培育、成长扶持到推动壮大的全生命周期梯次培育体系。建立创新型中小企业孵化机制，引导各类创新创业服务载体加大资源整合，提升企业孵化产业化、企业服务专业化水平，为创新型中小企业提供精准化、智能化服务。建立专精特新中小企业培育机制，对具有专精特新发展潜力的中小企业早发现、早培育，推动技术、资金、人才、数据等要素资源向专精特新中小企业集聚，支持服务机构重点向专精特新中小企业提供融资、创新等服务。加快培育主营业务突出、竞争能力强、成长性好、专注于细分市场、具有较强创新能力的专精特新"小巨人"企业，并推动向制造业单项冠军企业发展。发挥优质中小企业示范引领作用，引导中小企业走专精特新发展道路。

3. 加强中小企业人才培养

建设优秀经营管理人才队伍，搭建各类企业家学习交流平台，开展中小企业经营管理领军人才培训，加强国际人才交流，提升企业家在制定企业战略、完善治理机制、把握创新方向、融资引智等方面的能力；注重年轻一代企业家培养，引导企业家健康成长和企业代际稳健传承。优化"企业微课"线上培训平台，完善课程体系，丰富教学内容，提高课程质量。提高专业技术人才的综合素质、专业水平和创新能力，壮大高水平工程师和高技能人才队伍，培育一批在市场中成长起来的、具有较强竞争力的青年科技人才和创新团队。支持企业自主开展人才评价、岗位技能提升和转岗转业培训；全面推行企业新型学徒制培训，形成新时期中国特色"师带徒"机制。健全技术人才和技能人才培养、使用、评价、激励制度，扩大中小企业高质量就业容量。完善中小企业创新人才引进制度，健全引进人才服务机制和配套措施。推动高校、科研院所等事业单位科研人员通过挂职、项目合作、兼职创新等模式与中小企业开展合作。探索研究型企事业单位与创新型中小企业之间的人才柔性流动机制。

4. 塑造企业文化

引导中小企业建设先进企业文化，增强企业专业化、凝聚力、协作性等方面软实力，营造良好企业形象。弘扬企业家精神，引导和支持企业家开拓创新、敢想敢干、勇闯市场，在爱国、创新、诚信、社会责任和国际视野等方面不断提升。弘扬科学精神，营造尊重知识、崇尚创新、尊重人才、热爱科学、献身科学的浓厚氛围，激励和引导广大企业科技工作者大胆探索、锐意创新、攻坚克难、勇攀高峰；构建良好创新创业生态，为科技工作者进入中小企业、创办中小企业提供支持和服务。弘扬工匠精神，厚植工匠文化，倡导尊崇工匠精神的社会风尚，引导广大技术技能人才践行执着专注、精益求精、一丝不苟、追求卓越的工匠精神，推动培育一批大国工匠。

(二) 中小企业创新能力和专业化水平提升工程

1. 聚焦细分领域补短板、锻长板

支持中小企业积极参与产业基础再造工程、制造业强链补链行动、国家重大科技项目和重点产品、工艺"一条龙"示范应用等，聚焦新一代信息技术、新能源、新材料、高端装备等关系国家安全和制造业核心竞争力的重点领域，针对基础零部件、基础元器件、基础材料等方面细分需求多、产品差异大的特点，深耕细分市场，掌握独门绝技，定点突破一批重要产品和核心技术，提升重点产业链配套协作能力，加快补齐短板、锻造长板。完善首台（套）重大技术装备保险补偿机制试点工作，更新重点新材料首批次应用示范指导目录；鼓励大型企业与配套中小企业建立利益共享、风险共担机制，加快创新产品先试首用，形成创新产品"快速试用、快速反馈、快速迭代"机制，促进创新产品快速优化升级。着眼未来科技和产业发展制高点，瞄准人工智能、先进制造、新型材料等前沿必争领域，发挥中小企业机动灵活、单点深入的优势，培育一批瞪羚企业和创新"尖兵"企业，加强前沿技术的研发、成果转化和产业化，抢占未来新兴产业的制高点，推动一批中小企业迅速成长为未来新兴产业的骨干企业。

2. 支持新业态新模式发展

推动现代服务业中小企业和先进制造业、现代农业等深度融合,深化业务关联、链条延伸、技术渗透,大力发展服务型制造、现代农业服务业和生产性服务业,探索新模式,催生新服务。推动产业链、创新链和价值链的融合与重塑,鼓励制造业中小企业探索众创、众包、云外包、平台分包等共享制造新模式,发展大数据营销、体验营销等新型营销模式,促进制造业发展模式和企业形态变革。聚焦增强全产业链优势,鼓励大型企业剥离售后服务、呼叫中心等非核心业务外包给中小企业;引导中小企业聚焦产业链上细分环节提供专业化、精细化配套服务。引导中小企业在智慧城市、商贸流通、健康养老、家政服务、文体旅游等方面推进数字化网络化智能化改造和跨界融合,加快生活性服务业品质化发展。引导中小企业围绕能源资源梯级利用、废物循环利用和污染物集中处置,发展循环农业、再制造产业和静脉产业等新业态,推广合同能源管理、合同节水管理、环境污染第三方治理、碳排放交易等新模式。

3. 加速产学研协同、大中小企业融通创新

通过建立产业技术创新联盟或创新联合体、发展技术交易市场、培育社会化技术转移机构等方式,探索实行科技成果转化收益分享事先约定等激励政策,推动中小企业与高校院所、大型企业加强战略合作,开展订单式研发,促进技术创新成果快速转移转化。支持中小企业参与共建国家级和省级重点实验室、工程技术研究中心、制造业创新中心等,引导高等院校、科研院所、大型企业将科研仪器、实验设施、中试小试基地、数据库知识库模型库等创新资源向中小企业开放。发挥大中小企业融通型特色载体作用,实施大中小企业融通创新专项行动,总结推广"龙头+孵化"等成功模式的经验,推动大中小企业深度融合、相互嵌入式合作。

4. 提升中小企业知识产权创造和运用水平

深入实施中小企业知识产权战略推进工程,支撑中小企业知识产权高质量发展。支持中小企业提升知识产权创造能力,开发拥有知识产权的技术和产品,利用专利导航发掘目标专利、加强核心技术与关键环节的专利布局。推动中小企业提升知识产权运用能力,实施专利转化专项计划,鼓励高校院所向中小企业转让专利,引导大型国有企业"先使用后缴纳许可

费"等方式降低中小企业专利技术获取门槛,组织高校院所、国有企业深入开展中小企业专利技术对接活动,发挥知识产权交易平台作用,强化专利技术供需对接服务。组织开展全国知识产权服务万里行活动,支持知识产权服务机构为中小企业提供成果转化、知识产权托管、质押融资等服务。

5. 引导中小企业集聚化、专业化发展

支持各地根据产业发展定位和资源禀赋,围绕产业链培育一批产业定位聚焦、配套设施齐全、运营管理规范的中小企业特色产业集群。引导中小企业特色产业集群发挥政策集中、智慧集聚、要素集约、服务集成的功能,探索管理服务新模式,培育中小企业专业化竞争新优势。引导各地立足县域经济、乡村经济特点,培育一批民族手工业、农牧加工业等县域特色产业集群。发挥龙头企业带动作用,强化中小企业特色产业集群专业化协作和配套能力,积极参与先进制造业集群培育建设。鼓励打造集群内共性技术平台和产业技术研究院,为企业提供技术创新、检验检测、试验验证等服务。推进专业化配套服务机构与中小企业特色产业集群对接联动,推动缓解中小企业在创新、人才、信息、协作、融资、物流等方面难题。

(三)中小企业服务机构能力提升工程

1. 健全中小企业服务质量标准体系

完善中小企业服务机构服务标准,引导服务机构开展贯标活动,增强质量意识,完善服务质量保障体系,建立服务质量承诺制度,提高服务质量和标准化、规范化水平。引导服务机构完善服务人才培训机制,鼓励服务机构联合高校和职业院校建立专业服务人才培养基地,提升服务人才专业化能力和水平,打造高素质的服务人才队伍。

2. 建立中小企业服务机构评价制度

建立中小企业服务机构评价体系,依据服务机构的服务能力、服务质量、企业满意度等划分等级,实现动态评价,引导服务资源向高等级服务机构倾斜,形成对服务机构正向激励机制。搭建中小企业服务机构库,开展入库服务机构评价和服务情况跟踪,建立动态筛选制度,推动建设一批综合实力强、市场覆盖广、服务质量好、服务效率高、企业评价优的专业服务机构。

3. 加大服务机构和载体建设力度

加大体制机制改革创新力度，推进各级中小企业服务中心主动适应时代变革和企业需求，内强素质、外树形象，转变服务方式，创新服务产品，提升服务能力，打造"服务中小企业之家"。发挥国家和省级中小企业公共服务示范平台带动作用，引导各类主体兴办市场化、专业化中小企业服务机构，提供规范化、精细化、个性化服务。加大小型微型企业创业创新示范基地建设力度，为各类主体创业创新提供有效支撑。鼓励有条件的大型企业和行业龙头企业建设面向产业链上中小企业的服务平台，推动服务资源向中小企业开放共享。

4. 推动服务方式变革升级

探索运用大数据、工业互联网、云计算、人工智能、5G、区块链等新一代信息技术，整合线上线下服务资源，创新电子商务、远程服务、视频服务等服务方式，推动更多优质社会服务资源直达企业。推动服务机构建立"产品（项目）库"，探索通过"数字+"服务、菜单式服务、定制化服务等方式，为各类中小企业全生命周期提供多样化、精准化、便捷化服务。逐步完善志愿服务模式，打造相对稳定的志愿服务专家队伍，建设志愿服务信息系统，建立健全志愿服务体系，扩大公益性服务覆盖面。

（四）中小企业融资促进工程

1. 提高间接融资供给质量

综合运用存款准备金率、支小再贷款、再贴现等货币政策工具，引导金融机构加大对中小企业信贷资金支持力度，大幅增加小微企业首贷、信用贷、无还本续贷和中长期贷款，推广随借随还贷款。进一步提升商业银行中小微企业金融服务能力，推动其优化资源配置、考核激励、风险管理等内部机制，落实不良贷款容忍、授信尽职免责等政策，进一步细化完善尽职免责的内部认定标准和实施流程。发挥国家融资担保基金、政府性融资担保机构作用，继续实施小微企业融资担保降费奖补政策，鼓励加大银担合作，研究对资本实力强、经营稳健、财务状况良好的政府性融资担保机构提供担保的银行贷款，结合银行业金融机构实际承担的风险责任比例，适当降低风险权重。

2. 促进中小企业直接融资

稳步开展区域性股权市场制度和业务创新试点，优化新三板市场化融资机制和并购重组机制，持续优化企业上市条件。完善和发挥好上海、深圳、北京三个证券交易所功能和作用，拓宽优质中小企业上市融资渠道。组织开展优质中小企业上市培育，鼓励地方加大对小升规、规改股、股上市企业的支持，推动符合条件的企业对接资本市场。加强债券市场品种创新，稳步推进支持创新创业领域的公司信用类债券，完善中小企业债券融资增信机制。组织开展中小企业投融资对接及项目路演，发挥国家中小企业发展基金等政府投资基金的引导作用，推动社会资本扩大优质中小企业直接投资规模。

3. 创新金融服务模式

支持金融机构综合运用新一代信息技术等手段，创新服务模式，改进授信审批和风险管理模型，拓展服务中小企业的各类生产经营场景。推动完善动产融资统一登记公示系统，充分发挥应收账款融资服务平台作用。加强供应链票据平台的票据签发、流转、融资相关系统功能建设。发挥信托、租赁、保理等在中小企业融资中的作用。探索建立小微企业政府统保平台，为小微企业提供知识产权、出口信用等保险产品和服务。鼓励保险机构增加营业中断险、仓单财产保险等供应链保险产品供给，提供抵押质押、纯信用等多种形式的保证保险服务。支持期货公司为中小企业提供便捷、高效的风险管理服务。提高供应链金融数字化水平，强化供应链各方信息协同，通过"金融科技+供应链场景"，实现核心企业"主体信用"、交易标的"物的信用"、交易信息产生的"数据信用"一体化的信息系统和风控系统，科学评估企业商业价值。依法合规发展绿色金融，创新基于排污权、用能权、用水权、碳排放权等环境权益的金融产品。稳步推进普惠金融试验区建设，鼓励先行先试，创新有利于满足中小微企业融资需求的产品和服务。

4. 加强融资配套体系建设

建立健全中小企业信用信息依法归集、共享、查询、公开机制，推动地方政府、公用事业单位及市场主体所掌握的各类涉企信息整合应用，破解中小企业融资服务中信息不对称问题。支持征信机构发展针对中小企业融资的征信产品和服务，鼓励信用评级机构为中小企业开展高质量评级服务，推动扩大信用评级机构评级在中小企业融资中的采信应用程度。鼓励各地建设区域性中小企业融资综合服务平台,推动信息互通和共享应用,促进金融机构与中小企业融资对接。开展小微企业金融知识普及教育活动,打造普及性教育与个性化辅导相结合的教育培训机制,提高小微企业金融知识储备和融资能力。

(五)中小企业合法权益维护工程

1. 保障中小企业款项及时支付

全面实施《保障中小企业款项支付条例》,完善相关配套制度,建立预防和化解拖欠中小企业款项长效机制。整合现有各类投诉平台(系统),优化投诉事项受理、处理流程,推动机关、事业单位和大型企业及时支付中小企业款项。依法建立实施失信惩戒制度,严格查处违反《保障中小企业款项支付条例》规定的机关、事业单位和直接责任人员。

2. 加强中小企业知识产权保护

加强对中小企业专利权、商标权、著作权和商业秘密等知识产权的保护,综合运用互联网、大数据等手段,通过源头追溯、实时监测、在线识别等方式,提升打击侵犯中小企业知识产权行为的力度和精准度。建立健全知识产权快速协同保护机制,推动建设一批知识产权保护中心和快速维权中心,为中小企业提供集快速审查、快速确权、快速维权为一体的知识产权"一站式"综合服务。将保护关口前移,开展商业秘密保护试点创新。

3. 开展中小企业维权援助服务

畅通中小企业表达诉求渠道,受理中小企业对权益侵害等方面投诉。落实好涉企收费目录清单制度,开展涉企收费专项治理,加大对中介机构、行业协会商会、交通物流、水电气暖等公用事业、商业银行等领域不合理收费问题的监督查处力度。开展中小企业公益性法律援助服务活动,通过线上公益培训帮助中小企业提高维权意识和能力。发挥应急救援救助组织机构作用,帮助中小企业应对自然灾害、事故灾难、公共卫生事件和社会安全事件等不可抗力事件。

4. 保障中小企业公平参与市场竞争

深入实施公平竞争审查制度,完善第三方审查和评估机制,建立健全公平竞争审查抽查考核制度。统一市场准入负面清单制度,放开竞争性业务准入,推动取消工业产品生产许可,深入推进食品相关产品生产许可告知承诺改革。加强和改进反垄断和反不正当竞争执法，研究制定互联网平台价格行为规则，着力规范平台收费。严格质量安全监管，加大对生产销售不合格产品、侵权、假冒等违法犯罪行为的打击力度，严厉查处一些具有相对优势地位的企业恶意补贴、低价倾销，挤压中小企业市场份额的行为。

（六）中小企业数字化促进工程

1. 推动中小企业数字化转型

推动中小企业数字化发展，培育一批数字化可信服务商，面向中小企业数字化转型需求，开发和推广一批数字化产品和服务；引导工业互联网平台、数字化服务商面向技术、管理、生产、产品、服务等全过程的细分场景，开发使用便捷、成本低廉的场景数字化解决方案，以场景数字化带动中小企业整体数字化转型。推动中小企业网络化协同，支持中小企业加快传统制造设备上云和业务系统向云端迁移，满足中小企业研发设计、生产制造、经营管理、市场营销等云化服务需求；支持大型企业立足中小企业共性需求，基于工业互联网平台搭建资源和能力共享平台，通过观摩、体验、试用等多种形式为中小企业开放和提供数字化应用场景，在重点领域实现设备共享、产能对接、生产协同，促进中小企业深度融入大型企业的供应链、创新链，打造产业链共同体。推动中小企业智能化升级，深化新一代信息技术与先进制造业深度融合，着力推进智能制造，促进中小企业生产过程柔性化及系统服务集成化，建设智能生产线、智能车间和智能工厂，实现精益生产、敏捷制造、精细管理和智能决策，发展智能化制造、网络化协同、个性化定制、服务化延伸、数字化管理等新技术新模式新业态。

2. 推动中小企业数字产业化发展

鼓励中小企业参与新一代信息技术集成创新和融合应用，积极融入5G、工业互联网的应用场景和产业生态。支持互联网、软件等领域数字化创业，引导平台服务型中小企业加强数据、产品和内容等的资源整合共享，扩大在线教育、协同办公、互联网医疗、在线文旅等在线服务覆盖面，提升企业数字化服务能力。深化共享经济在生活服务领域的应用，依托互联网搭建新型就业创业平台。加强中小企业数字资源权益保护。推动中小企业加快智能化产品、服务的优化和价值拓展，培育智慧零售、无人配送、智能制造等新增长点。

3. 夯实中小企业数字化服务基础

推动中小企业运用数字化手段，通过结成跨企业协同网络获得规模经济与成本优势，增强抗风险能力。支持传统产业集群搭建"虚拟"产业平台，分阶段分步骤推进资源要素数字化、产业数据共享化、创新服务集约化、集群治理协同化。鼓励培育虚拟产业集群，依靠现代通信与网络技术，通过平台资源共享，为中小企业搭建跨区域协作的虚拟化集合体，促进上下游、产供销协同联动。引导小型微型企业创业创新示范基地等建设中小企业数字化公共技术服务平台，面向中小企业数字化发展特点，提供数字化转型服务。组织发布一批中小企业数字化转型的典型经验和案例，发挥示范带动作用，带动全行业加速推广。

（七）中小企业绿色发展促进工程

1. 支持中小企业开展绿色技术创新

支持中小企业参与开展低碳、节能、节水、环保、清洁生产、资源综合利用等领域共性技术研发，支持新能源、新材料、碳捕捉封存利用、有害物质替代与减量化、工业固体废物减量化和资源化等关键技术突破及产业化发展，推出一批绿色低碳产品与服务，助力构建节能低碳的产业体系。鼓励中小企业联合高等院校、科研院所、产业园区等，形成绿色技术创新联合体，开展绿色技术攻关。引导中小企业参与新能源技术装备、节能环保装备等研发设计。

2. 推动中小企业实施绿色化改造

支持中小企业实施绿色战略、绿色标准、绿色管理和绿色生产，开展绿色企业文化建设，提升品牌绿色竞争力。深入实施绿色制造工程，综合运用质量、安全、环保等标准助推中小企业结构调整，引导中小企业应用高效节能技术工艺装备，加大可再生能源使用，推动电能、氢能、生物质能替代化石燃料。鼓励中小企业采用先进的清洁生产技术和高效末端治理装备，推动水、气、固体废弃物资源化利用和无害化处置。推动中小企业利用大数据采集生产和管理流程中的关键数据，实现生产过程能量流、物质流等关键资源环境信息数字化采集、智能化分析和精细化管理。引导中小企业通过共享制造、柔性制造、精益生产等方式，开展全要素全流程的"绿色化+智能化"改造。大力推行绿色设计，引导中小企业使用绿色包装。大力推广绿色标识。

3. 强化中小企业绿色发展政策支持与服务

引导各类要素资源向绿色低碳领域不断聚集，创新绿色金融产品和服务，健全政府绿色采购制度。培育一批专业化绿色发展服务机构，开发适合中小企业特点的绿色制造系统解决方案，为中小企业提供能源审计、能效评估、能源监测、技术咨询等服务。实施工业节能诊断服务行动，为基础薄弱的中小企业开展节能诊断及改造提供服务。持续开展能源资源计量服务示范活动，促进能源资源节约和绿色发展。鼓励各地探索建立绿色综合服务平台，为中小企业提供碳中和登记公示、技术支撑、绿色金融、培训研究等服务。树立一批清洁生产、能效提升、节水治污、循环利用等方面的绿色发展中小企业典型，形成示范效应。

（八）中小企业质量品牌提升工程

1. 提高中小企业质量管理水平

引导中小企业把质量诚信落实到生产经营全过程，加强技术改造和智能生产线、智能车间、智能工厂建设，推广先进工艺流程、智能制造技术、精益生产模式和先进质量管理方法，提高产品性能、稳定性及质量一致性。完善国家质量基础设施，建设标准计量、认证认可、检验检测、试验验证等产业技术基础公共服务平台，为中小企业提供高水平的"一站式"服务。开展"小微企业质量管理体系认证提升行动"，实施《小微企业应用 ISO 9001 提升质量管理的实施指南》《中小企业质量管理评价指南》，开展质量管理培训、诊断服务、推广优良案例，提供专业技术服务和质量管理体系成熟度评价，帮助中小企业识别和改进质量管理中的短板，建立科学有效的质量管理体系，引导小微企业提升质量管理水平。开展"计量服务中小企业行"活动，引导中小企业完善测量管理体系，提升计量保障能力。实施企业标准"领跑者"制度，开展对标达标活动，推进中小企业标准化良好行为创建工作，指导中小企业积极参与国际国内标准制定，促进中小企业应用标准进行质量技术创新，提升产品质量水平。运用产品质量安全监管大数据，针对专精特新中小企业，开展产品质量技术帮扶"巡回问诊"活动。

2. 加强中小企业品牌建设

引导中小企业增强品牌意识，制定品牌发展战略，构建品牌管理体系，加大品牌建设投入，丰富产品品种，提升产品品质，拓展营销传播渠道，创建自主品牌，促进中小企业向价值链中高端迈进。推进产业集群区域品牌建设，引导集群打造品牌服务平台，指导集群内企业加强品牌塑造，通过完善标准、注册集体商标和证明商标、加强地理标志保护等方式提升产业竞争力和区域品牌影响力。鼓励优势品牌中小企业开展国际交流合作，推动提高品牌产品出口比重。扶持一批品牌培育和运营专业服务机构，发挥商标品牌指导站、行业协会等的作用，为中小企业提供品牌创建与培育、咨询评估、品牌保护等服务。开展"中国品牌日"等活动，拓宽中小企业品牌展示渠道，营造有利于中小企业品牌成长的社会氛围。

3. 推动工业设计赋能中小企业

支持设立工业设计工作室，培育一批中小型工业设计机构，发挥国家级工业设计中心、国家工业设计研究院等工业设计机构作用，提升工业设计服务能力和水平，为中小企业提供覆盖全生命周期的系统性工业设计服务。加快建设设计类中小企业公共服务平台，面向中小企业建立开放共享的工业设计基础数据资源库。鼓励小型微型企业创业创新示范基地、中小企业特色产业集群等载体引入工业设计服务机构，为中小企业提供专业化、精准化、特色化工业设计服务。推动中小企业工业设计由外观造型设计向功能化设计发展，工业设计创新范围由产品设计向新材料新工艺设计、创新结构设计、品牌设计、服务设计拓展，引导中小企业将工业设计理念贯穿到研发、生产、管理、营销、售后的全过程，提升企业品牌美誉度、产品和服务附加值。

（九）中小企业国际化促进工程

1. 完善国际合作机制建设

拓展与"一带一路"沿线国家和重点国家在中小企业领域的双多边合作机制，深化与二十国集团、亚太经合组织、金砖国家等多边合作机制，积极发展全球伙伴关系，促进中小企业融入全球供应链和价值链。坚持平等协商、互利共赢，进一步提升机制各方在中小企业促进政策、贸易投资、技术创新、数字化发展等领域的务实合作水平。鼓励各地及行业组织等发展多层次、多维度的合作机制，为促进中小企业国际合作搭建有效平台、营造良好环境。

2. 推进中外中小企业合作区建设

加强国际合作指导，引导中外中小企业合作区结合实际创新发展思路，加大建设力度，办出特色，办出水平，更好地服务区域改革开放新格局。进一步发挥合作区引进先进技术、管理经验和高素质人才的载体作用，支持园区内企业加强国际产能合作，创新中小企业国际化发展的有益做法，探索市场化国际化的中小企业园区建设模式。加强中外中小企业合作区建设发展典型案例推广与宣传。推动开展合作区示范作用第三方评估工作。巩固提升沿海地区合作区水平，加大中西部合作区建设力度，新设立一批中外中小企业合作区，进一步发挥合作区对外开放的示范引领作用。

3. 开发利用好中小企业国际合作平台

推动中小企业积极参与国际交流合作，促进贸易投资技术合作，宣传介绍中国促进中小企业发展的成功经验和做法。继续办好中国国际中小企业博览会、APEC中小企业技术交流暨展览会、中小企业国际合作高峰论坛等，探索办展办会新模式。深化"政企银"合作，继续开展金融机构跨境撮合业务。夯实中小企业国际化发展服务机制，发挥APEC中小企业信息化促进中心、中小企业"一带一路"合作服务平台等机构机制的作用，加大中小企业海外服务体系建设力度，为中小企业提供及时有效的国际化服务。

4. 提升中小企业国际市场开拓能力

支持中小企业利用电子支付、远程工作等数字技术手段和数字化解决方案开展经营活动，广泛参与国际贸易合作，提升在专业化细分领域的国际竞争力。推动构建多主体协同应对的工作格局，指导和帮助中小企业防范和应对贸易摩擦。建立健全预警机制，帮助中小企业及时了解、预研预判、有效规避和妥善应对潜在的政治经济和投资经营风险。发挥"中国中小企业中心"、企业跨境综合支援平台等作用，为中小企业提供跨境磋商、法律政策咨询、商务考察、案件应对等服务，帮助中小企业与全球市场精准有序对接，维护中小企业在海外的合法权益。

五、保障措施

（一）加强党的全面领导

将党的领导贯穿于促进中小企业发展工作全过程，确保正确的政治方向。各级相关部门要坚持将促进中小企业发展纳入全局中心工作统一谋划、统一部署、统一推进、统一考核，强化工作机制建设，推动政策落地见效。引导中小企业加强基层党组织建设，发挥党建引领作用，发扬党在思想、组织、制度、作风、文化建设等方面的先进性，把党的政治优势转化为中小企业的创造力和竞争力。

（二）加强政策协同和评估督导

充分发挥国务院促进中小企业发展工作领导小组统筹协调作用，加大跨部门协调力度，明确任务分工，强化政策协同，加强业务指导，特别是对中西部欠发达地区的指导；推动各地强化促进中小企业发展工作协调机制、组织机构、工作队伍建设，加强交流培训，促进规划实施。完善中小企业发展环境评估指标体系，深入开展中小企业发展环境第三方评估工作，推动各地以评促建、以评促改、以评促优。适时开展中小企业发展情况督查。

（三）加强运行监测和政策研究

加强对中小企业经营、融资等发展情况的动态监测，充分利用大数据等手段对中小企业进行结构化分析研判，研究编制中小企业发展指数，为政府及相关部门决策提供有效支撑。办好中小企业研究院等高端智库，带动利用社会资源开展中小企业政策研究与咨询，做好政策储备。

（四）营造良好舆论环境

加强中小企业舆论宣传、政策解读和舆情引导工作，报道中小企业发展情况以及在完整、准确、全面贯彻新发展理念，构建新发展格局中发挥的重要作用，弘扬正能量，稳定发展预期。发挥先进典型的示范引领作用，按照国家有关规定表彰在促进中小企业发展工作中涌现出的先进典型，推动青年文明号等创建。总结推广中小企业培育和服务工作的经验做法，开展全国中小企业发展宣传报道优秀作品征集活动，营造全社会关心支持中小企业发展的舆论环境。

工业和信息化部关于印发《优质中小企业梯度培育管理暂行办法》的通知

工信部企业〔2022〕63号

各省、自治区、直辖市及计划单列市、新疆生产建设兵团工业和信息化主管部门、中小企业主管部门：

为进一步加强优质中小企业梯度培育工作，推动中小企业高质量发展，现将《优质中小企业梯度培育管理暂行办法》印发给你们，请认真遵照执行。

工业和信息化部

2022年6月1日

优质中小企业梯度培育管理暂行办法

第一章 总 则

第一条 为提升中小企业创新能力和专业化水平，促进中小企业高质量发展，助力实现产业基础高级化和产业链现代化，根据《中华人民共和国国民经济和社会发展第十四个五年规划和2035年远景目标纲要》《"十四五"促进中小企业发展规划》《关于健全支持中小企业发展制度的若干意见》，制定本办法。

第二条 优质中小企业是指在产品、技术、管理、模式等方面创新能力强、专注细分市场、成长性好的中小企业，由创新型中小企业、专精特新中小企业和专精特新"小巨人"企业三个层次组成。创新型中小企业具有较高专业化水平、较强创新能力和发展潜力，是优质中小企业的基础力量；专精特新中小企业实现专业化、精细化、特色化发展，创新能力强、质量效益好，是优质中小企业的中坚力量；专精特新"小巨人"企业位于产业基础核心领域、产业链关键环节、创新能力突出、掌握核心技术、细分市场占有率高、质量效益好，是优质中小企业的核心力量。

第三条 参评优质中小企业应在中华人民共和国境内工商注册登记、具有独立法人资格，符合《中小企业划型标准规定》，企业未被列入经营异常名录或严重失信主体名单，提供的产品（服务）不属于国家禁止、限制或淘汰类，同时近三年未发生重大安全（含网络安全、数据安全）、质量、环境污染等事故以及偷漏税等违法违规行为。

第四条 优质中小企业梯度培育工作，坚持完整、准确、全面贯彻新发展理念，坚持专精特新发展方向，坚持有效市场与有为政府相结合，坚持分层分类分级指导，坚持动态管理和精准服务。

第五条 工业和信息化部负责优质中小企业梯度培育工作的宏观指导、统筹协调和监督检查，推动出台相关支持政策，发布相关评价和认定标准，负责专精特新"小巨人"企业认定工作。各省、自治区、直辖市及计划单列市、新疆生产建设兵团中小企业主管部门（以下简称省级中小企业主管部门）根据本办法制定细则，报工业和信息化部备案，并依据细则负责本地区优质中小企业梯度培育工作，负责专精特新中小企业认定和创新型中小企业评价工作。其他机构不得开展与创新型中小企业、专精特新中小企业、专精特新"小巨人"企业有关的评价、认定、授牌等活动。

第六条 各级中小企业主管部门应强化优质中小企业的动态管理，建立健全"有进有出"的动态管理机制。"十四五"期间，努力在全国推动培育一百万家创新型中小企业、十万家专精特新中小企业、一万家专精特新"小巨人"企业。

第七条 工业和信息化部建设优质中小企业梯度培育平台（https：//zjtx.miit.gov.cn/，以下简称培育平台），搭建优质中小企业数据库。各级中小企业主管部门应加强服务对接和监测分析，对企业运行、发展态势、意见诉求，以及扶持政策与培育成效等开展定期和不定期跟踪，有针对性地制定政策和开展精准服务；进一步落实"放管服"要求，推动涉企数据互通共享，减轻企业数据填报负担。

第二章 评价和认定

第八条 优质中小企业评价和认定工作坚持政策引领、企业自愿、培育促进、公开透明的原则，按照"谁推荐、谁把关，谁审核、谁管理"方式统筹开展、有序推进。

第九条　工业和信息化部发布并适时更新创新型中小企业评价标准（附件1）、专精特新中小企业认定标准（附件2）和专精特新"小巨人"企业认定标准（附件3）。专精特新中小企业认定标准中的"特色化指标"，由省级中小企业主管部门结合本地产业状况和中小企业发展实际设定并发布。

第十条　创新型中小企业评价，由企业按属地原则自愿登录培育平台参与自评，省级中小企业主管部门根据评价标准，组织对企业自评信息和相关佐证材料进行审核、实地抽查和公示。公示无异议的，由省级中小企业主管部门公告为创新型中小企业。

第十一条　专精特新中小企业认定，由创新型中小企业按属地原则自愿提出申请，省级中小企业主管部门根据认定标准，组织对企业申请材料和相关佐证材料进行审核、实地抽查和公示。公示无异议的，由省级中小企业主管部门认定为专精特新中小企业。

第十二条　专精特新"小巨人"企业认定，由专精特新中小企业按属地原则自愿提出申请，省级中小企业主管部门根据认定标准，对企业申请材料和相关佐证材料进行初审和实地抽查，初审通过的向工业和信息化部推荐。工业和信息化部组织对被推荐企业进行审核、抽查和公示。公示无异议的，由工业和信息化部认定为专精特新"小巨人"企业。

原则上每年第二季度组织开展专精特新"小巨人"企业认定工作，省级中小企业主管部门应根据工作要求，统筹做好创新型中小企业评价、专精特新中小企业认定和专精特新"小巨人"企业推荐工作。

第三章　动态管理

第十三条　经公告的创新型中小企业有效期为三年，每次到期后由企业重新登录培育平台进行自评，经省级中小企业主管部门审核（含实地抽查）通过后，有效期延长三年。经认定的专精特新中小企业、专精特新"小巨人"企业有效期为三年，每次到期后由认定部门组织复核（含实地抽查），复核通过的，有效期延长三年。

第十四条　有效期内的创新型中小企业、专精特新中小企业和专精特新"小巨人"企业，应在每年 4 月 30 日前通过培育平台更新企业信息。未及时更新企业信息的，取消复核资格。

第十五条 有效期内的创新型中小企业、专精特新中小企业和专精特新"小巨人"企业，如发生更名、合并、重组、跨省迁移、设立境外分支机构等与评价认定条件有关的重大变化，应在发生变化后的 3 个月内登录培育平台，填写重大变化情况报告表。不再符合评价或认定标准的创新型中小企业和专精特新中小企业，由省级中小企业主管部门核实后取消公告或认定；不再符合认定标准的专精特新"小巨人"企业，由省级中小企业主管部门核实后报工业和信息化部，由工业和信息化部取消认定。对于未在 3 个月内报告重大变化情况的，取消复核资格，或直接取消公告或认定。

第十六条 有效期内的创新型中小企业、专精特新中小企业和专精特新"小巨人"企业，如发生重大安全（含网络安全、数据安全）、质量、环境污染等事故，或严重失信、偷漏税等违法违规行为，或被发现存在数据造假等情形，直接取消公告或认定，且至少三年内不得再次申报。

第十七条 任何组织和个人可针对创新型中小企业、专精特新中小企业和专精特新"小巨人"企业相关信息真实性、准确性等方面存在的问题，向相应中小企业主管部门实名举报，并提供佐证材料和联系方式。对受理的举报内容，相应中小企业主管部门应及时向被举报企业核实，被举报企业未按要求回复或经核实确认该企业存在弄虚作假行为的，视情节轻重要求企业进行整改，或直接取消公告或认定。

第四章 培育扶持

第十八条 中小企业主管部门应针对本地区不同发展阶段、不同类型中小企业的特点和需求，建立优质中小企业梯度培育体系，制定分层分类的专项扶持政策，加大服务力度，维护企业合法权益，不断优化中小企业发展环境，激发涌现一大批专精特新企业。

第十九条 中小企业主管部门应发挥促进中小企业发展工作协调机制作用，加强部门协同、上下联动，形成工作合力。统筹运用财税、金融、技术、产业、人才、用地、用能等政策工具持续支持优质中小企业发展，提高政策精准性和有效性。

第二十条 中小企业主管部门应着力构建政府公共服务、市场化服务、公益性服务协同促进的服务体系，通过搭建创新成果对接、大中小企业融通创新、创新创业大赛、供需对接等平台，汇聚服务资源，创新服务方式，为中小企业提供全周期、全方位、多层次的服务。通过普惠服务与精准服务相结合，着力提升服务的广度、深度、精准度和响应速度，增强企业获得感。

第二十一条　中小企业主管部门和各类中小企业服务机构应加强指导和服务，促进中小企业提升公司治理、精细管理和合规管理水平，防范各类风险，推动持续健康发展，切实发挥优质中小企业示范作用。在评价、认定和服务过程中应注重对企业商业秘密的保护，在宣传报道、考察交流前，应征得企业同意。

第五章　附　则

第二十二条　本办法由工业和信息化部负责解释。

第二十三条　本办法自2022年8月1日起实施。8月1日前已被省级中小企业主管部门认定的专精特新中小企业和已被工业和信息化部认定的专精特新"小巨人"企业，继续有效。有效期（最长不超过3年）到期后自动失效，复核时按本办法执行。

附件：1. 创新型中小企业评价标准
　　　2. 专精特新中小企业认定标准
　　　3. 专精特新"小巨人"企业认定标准
　　　4. 部分指标和要求说明

附件 1

创新型中小企业评价标准

一、公告条件

评价得分达到 60 分以上（其中创新能力指标得分不低于 20 分、成长性指标及专业化指标得分均不低于 15 分），或满足下列条件之一：

（一）近三年内获得过国家级、省级科技奖励。

（二）获得高新技术企业、国家级技术创新示范企业、知识产权优势企业和知识产权示范企业等荣誉（均为有效期内）。

（三）拥有经认定的省部级以上研发机构。

（四）近三年新增股权融资总额（合格机构投资者的实缴额）500 万元以上。

二、评价指标

包括创新能力、成长性、专业化三类六个指标，评价结果依分值计算，满分为 100 分。

（一）创新能力指标（满分 40 分）

1. 与企业主导产品相关的有效知识产权数量（满分 20 分）

A. Ⅰ类高价值知识产权 1 项以上（20 分）

B. 自主研发的Ⅰ类知识产权 1 项以上（15 分）

C. Ⅰ类知识产权 1 项以上（10 分）

D. Ⅱ类知识产权 1 项以上（5 分）

E. 无（0 分）

2. 上年度研发费用总额占营业收入总额比重（满分 20 分）

A. 5% 以上（20 分）

B. 3%～5%（15 分）

C. 2%～3%（10 分）

D. 1%～2%（5 分）

E. 1% 以下（0 分）

（二）成长性指标（满分 30 分）

3. 上年度主营业务收入增长率（满分 20 分）

A. 15% 以上（20 分）

B. 10%~15%（15分）

C. 5%~10%（10分）

D. 0%~5%（5分）

E. 0以下（0分）

4. 上年度资产负债率（满分10分）

A. 55%以下（10分）

B. 55%~75%（5分）

C. 75%以上（0分）

（三）专业化指标（满分30分）

5. 主导产品所属领域情况（满分10分）

A. 属于《战略性新兴产业分类》（10分）

B. 属于其他领域（5分）

6. 上年度主营业务收入总额占营业收入总额比重（满分20分）

A. 70%以上（20分）

B. 60%~70%（15分）

C. 55%~60%（10分）

D. 50%~55%（5分）

E. 50%以下（0分）

附件 2

专精特新中小企业认定标准

一、认定条件

同时满足以下四项条件即视为满足认定条件：

（一）从事特定细分市场时间达到 2 年以上。

（二）上年度研发费用总额不低于 100 万元，且占营业收入总额比重不低于 3%。

（三）上年度营业收入总额在 1000 万元以上，或上年度营业收入总额在 1000 万元以下，但近 2 年新增股权融资总额（合格机构投资者的实缴额）达到 2000 万元以上。

（四）评价得分达到 60 分以上或满足下列条件之一：

1. 近 3 年获得过省级科技奖励，并在获奖单位中排名前三；或获得国家级科技奖励，并在获奖单位中排名前五。

2. 近 2 年研发费用总额均值在 1000 万元以上。

3. 近 2 年新增股权融资总额（合格机构投资者的实缴额）6000 万元以上。

4. 近 3 年进入"创客中国"中小企业创新创业大赛全国 500 强企业组名单。

二、评价指标

包括专业化、精细化、特色化和创新能力 4 类 13 个指标，评价结果依分值计算，满分为 100 分。

（一）专业化指标（满分 25 分）

1. 上年度主营业务收入总额占营业收入总额比重（满分 5 分）

A. 80% 以上（5 分）

B. 70%～80%（3 分）

C. 60%～70%（1 分）

D. 60% 以下（0 分）

2. 近 2 年主营业务收入平均增长率（满分 10 分）

A. 10% 以上（10 分）

B. 8%～10%（8 分）

C. 6%~8%（6分）

D. 4%~6%（4分）

E. 0~4%（2分）

F. 0以下（0分）

3. 从事特定细分市场年限（满分5分）

每满2年得1分，最高不超过5分。

4. 主导产品所属领域情况（满分5分）

A. 在产业链供应链关键环节及关键领域"补短板""锻长板""填空白"取得实际成效（5分）

B. 属于工业"六基"领域、中华老字号名录或企业主导产品服务关键产业链重点龙头企业（3分）

C. 不属于以上情况（0分）

（二）精细化指标（满分25分）

5. 数字化水平（满分5分）

A. 三级以上（5分）

B. 二级（3分）

C. 一级（0分）

6. 质量管理水平（每满足一项加3分，最高不超过5分）

A. 获得省级以上质量奖荣誉

B. 建立质量管理体系，获得ISO 9001等质量管理体系认证证书

C. 拥有自主品牌

D. 参与制修订标准

7. 上年度净利润率（满分10分）

A. 10%以上（10分）

B. 8%~10%（8分）

C. 6%~8%（6分）

D. 4%~6%（4分）

E. 2%~4%（2分）

F. 2%以下（0分）

8. 上年度资产负债率（满分5分）

A. 50%以下（5分）

B. 50%~60%（3分）

C. 60%~70%（1分）

D. 70%以上（0分）

（三）特色化指标（满分15分）

9. 地方特色指标。由省级中小企业主管部门结合本地产业状况和中小企业发展实际自主设定1~3个指标进行评价（满分15分）

（四）创新能力指标（满分35分）

10. 与企业主导产品相关的有效知识产权数量（满分10分）

A. Ⅰ类高价值知识产权1项以上（10分）

B. 自主研发Ⅰ类知识产权1项以上（8分）

C. Ⅰ类知识产权1项以上（6分）

D. Ⅱ类知识产权1项以上（2分）

E. 无（0分）

11. 上年度研发费用投入（满分10分）

A. 研发费用总额500万元以上或研发费用总额占营业收入总额比重在10%以上（10分）

B. 研发费用总额400万~500万元或研发费用总额占营业收入总额比重在8%~10%（8分）

C. 研发费用总额300万~400万元或研发费用总额占营业收入总额比重在6%~8%（6分）

D. 研发费用总额200万~300万元或研发费用总额占营业收入总额比重在4%~6%（4分）

E. 研发费用总额100万~200万元或研发费用总额占营业收入总额比重在3%~4%（2分）

F. 不属于以上情况（0分）

12. 上年度研发人员占比（满分5分）

A. 20%以上（5分）

B. 10%~20%（3分）

C. 5%~10%（1分）

D. 5%以下（0分）

13. 建立研发机构级别（满分10分）

A. 国家级（10分）

B. 省级（8分）

C. 市级（4分）

D. 市级以下（2分）

E. 未建立研发机构（0分）

附件3

专精特新"小巨人"企业认定标准

专精特新"小巨人"企业认定需同时满足专、精、特、新、链、品六个方面指标。

一、专业化指标

坚持专业化发展道路,长期专注并深耕于产业链某一环节或某一产品。截至上年末,企业从事特定细分市场时间达到 3 年以上,主营业务收入总额占营业收入总额比重不低于 70%,近 2 年主营业务收入平均增长率不低于 5%。

二、精细化指标

重视并实施长期发展战略,公司治理规范、信誉良好、社会责任感强,生产技术、工艺及产品质量性能国内领先,注重数字化、绿色化发展,在研发设计、生产制造、供应链管理等环节,至少 1 项核心业务采用信息系统支撑。取得相关管理体系认证,或产品通过发达国家和地区产品认证(国际标准协会行业认证)。截至上年末,企业资产负债率不高于 70%。

三、特色化指标

技术和产品有自身独特优势,主导产品在全国细分市场占有率达到 10% 以上,且享有较高知名度和影响力。拥有直接面向市场并具有竞争优势的自主品牌。

四、创新能力指标

满足一般性条件或创新直通条件。

(一)一般性条件。需同时满足以下三项:

1. 上年度营业收入总额在 1 亿元以上的企业,近 2 年研发费用总额占营业收入总额比重均不低于 3%;上年度营业收入总额在 5000 万~1 亿元的企业,近 2 年研发费用总额占营业收入总额比重均不低于 6%;上年度营业收入总额在 5000 万元以下的企业,同时满足近 2 年新增股权融资总额(合格机构投资者的实缴额)8000 万元以上,且研发费用总额 3000 万元以上、研发人员占企业职工总数比重50%以上。

2. 自建或与高等院校、科研机构联合建立研发机构，设立技术研究院、企业技术中心、企业工程中心、院士专家工作站、博士后工作站等。

3. 拥有2项以上与主导产品相关的Ⅰ类知识产权，且实际应用并已产生经济效益。

（二）创新直通条件。满足以下一项即可：

1. 近三年获得国家级科技奖励，并在获奖单位中排名前三。

2. 近三年进入"创客中国"中小企业创新创业大赛全国50强企业组名单。

五、产业链配套指标

位于产业链关键环节，围绕重点产业链实现关键基础技术和产品的产业化应用，发挥"补短板""锻长板""填空白"等重要作用。

六、主导产品所属领域指标

主导产品原则上属于以下重点领域：从事细分产品市场属于制造业核心基础零部件、元器件、关键软件、先进基础工艺、关键基础材料和产业技术基础；或符合制造强国战略十大重点产业领域；或属于网络强国建设的信息基础设施、关键核心技术、网络安全、数据安全领域等产品。

附件 4

部分指标和要求说明

（一）指标中如对期限无特殊说明，一般使用企业近 1 年的年度数据，具体定义为：指企业上一完整会计年度，以企业上一年度审计报告期末数为准。对于存在子公司或母公司的企业，按财政部印发的《企业会计准则》有关规定执行。

（二）所称拥有自主品牌是指主营业务产品或服务具有自主知识产权，且符合下列条件之一：

1. 产品或服务品牌已经国家知识产权局商标局正式注册。
2. 产品或服务已经实现收入。

（三）所称"Ⅰ类知识产权"包括发明专利（含国防专利）、植物新品种、国家级农作物品种、国家新药、国家一级中药保护品种、集成电路布图设计专有权（均不包含转让未满 1 年的知识产权）。

（四）所称"Ⅰ类高价值知识产权"须符合以下条件之一：

1. 在海外有同族专利权的发明专利或在海外取得收入的其他Ⅰ类知识产权，其中专利限 G20 成员、新加坡以及欧洲专利局经实质审查后获得授权的发明专利。
2. 维持年限超过 10 年的Ⅰ类知识产权。
3. 实现较高质押融资金额的Ⅰ类知识产权。
4. 获得国家科学技术奖或中国专利奖的Ⅰ类知识产权。

（五）所称"Ⅱ类知识产权"包括与主导产品相关的软件著作权（不含商标）、授权后维持超过 2 年的实用新型专利或外观设计专利（均不包含转让未满 1 年的知识产权）。

（六）所称"企业数字化转型水平"是指在优质中小企业梯度培育平台完成数字化水平免费自测，具体自测网址、相关标准等事宜，另行明确。

（七）所称"重大安全（含网络安全、数据安全）、质量、环境污染等事故"是指产品安全、生产安全、工程质量安全、环境保护、网络安全等各级监管部门，依据《中华人民共和国安全生产法》《中华人民共和国环境保护法》《生产安全事故报告和调查处理条例》《中华人民共和国网络安全法》《中华人民共和国数据安全法》等法律法规,最高人民法院、最高人民检察院司法解释,部门规章以及地方法规等出具的判定意见。

(八)所称"股权融资"是指公司股东稀释部分公司股权给投资人,以增资扩股(出让股权不超过30%)的方式引进新的股东,从而取得公司融资的方式。

(九)所称"合格机构投资者"是指符合《创业投资企业管理暂行办法》(发展改革委等10部门令第39号)或者《私募投资基金监督管理暂行办法》(证监会令第105号)相关规定,按照上述规定完成备案且规范运作的创业投资基金及私募股权投资基金。

(十)所称"主导产品"是指企业核心技术在产品中发挥重要作用,且产品收入之和占企业同期营业收入比重超过50%。

(十一)所称"主导产品在全国细分市场占有率达到10%以上,且享有较高知名度和影响力"可通过企业自证或其他方式佐证。

(十二)所称"省级科技奖励"包括各省、自治区、直辖市科学技术奖的一、二、三等奖;"国家级科技奖励"包括国家科学技术进步奖、国家自然科学奖、国家技术发明奖,以及国防科技奖。

(十三)如无特殊说明,所称"以上""以下",包括本数;所称的"超过",不包括本数。在计算评价指标得分时,如指标值位于两个评分区间边界上,按高分计算得分。

(十四)本办法部分指标计算公式

近2年主营业务收入平均增长率=(企业上一年度主营业务收入增长率+企业上上年度主营业务收入增长率)/2。

企业上一年度主营业务收入增长率=(企业上一年度主营业务收入总额-企业上上年度主营业务收入总额)/企业上上年度主营业务收入总额×100%。其他年度主营业务收入增长率计算方法以此类推。

(十五)所称"被列入经营异常名录"以国家企业信用信息公示系统(http://www.gsxt.gov.cn)查询结果为准;所称"严重失信主体名单"以信用中国(http://www.creditchina.gov.cn)查询结果为准。

(十六)所称"创客中国"中小企业创新创业大赛全国500强、50强企业组名单是指该大赛2021年以来正式发布的名单。

中国证监会办公厅 工业和信息化部办公厅关于高质量建设区域性股权市场"专精特新"专板的指导意见

证监办函〔2022〕840号

为深入贯彻落实党中央、国务院关于激发涌现更多专精特新中小企业的决策部署，提高区域性股权市场"专精特新"专板（以下简称专板）建设质量，更好地服务中小企业，按照《提升中小企业竞争力若干措施》《为"专精特新"中小企业办实事清单》要求，制定本指导意见。

一、建设目标

专板建设应聚焦于服务中小企业专精特新发展，提升多层次资本市场服务专精特新中小企业的能力，规范区域性股权市场运营，整合政府和市场各方资源，加强服务能力建设，完善综合金融服务和上市规范培育功能，提升优质中小企业规范发展质效，为构建新发展格局、实现经济高质量发展提供有力支撑。

二、推进高标准建设

（一）规范设立条件。设立专板的区域性股权市场应安全规范运营，业务、风控等管理制度健全，近3年内未发生风险事件或风险事件已处置完成，无违法违规行为，且有关监管要求和规范性事项均已落实或整改完毕。运营机构的控股股东或实际控制人无重大违法违规行为和严重失信行为。

设立专板的区域性股权市场还应在专板设立后一年内满足下列条件（本意见发布前已设立专板的地区应在本意见发布一年内满足下列条件）：

1. 区域性股权市场运营机构净资产达到1.5亿元以上；

2. 自行建设专板的专板服务部门负责人应具有5年以上企业上市辅导、投行或金融服务相关工作经验，专板服务相关部门50%以上员工具有

2年以上前述工作经验；与证券公司合建专板的，区域性股权市场和证券公司应明确服务专板的部门和人员，且相关人员满足前述工作经验；

3. 自建地方业务链，且满足《区域性股权市场区块链建设要求》《区域性股权市场区块链建设评价要点》关于应用服务和生态建设有关要求。

（二）聚焦服务对象。优先引导下列企业进入专板进行孵化、规范、培育：

1. 省级以上工业和信息化主管部门评价或认定的创新型中小企业、专精特新中小企业、专精特新"小巨人"企业；

2. 政府投资基金所投资的企业，私募股权和创业投资基金投资的中小企业；

3. 其他符合专精特新发展要求或具有相应潜力的企业。

（三）简化入板程序。区域性股权市场应简化企业进入专板的流程和手续，不需要中介机构推荐，不按挂牌、展示分类，统称为培育企业。符合专板准入条件的企业可自行提交或由地方工业和信息化主管部门提交优质中小企业申报或认定材料申请进入专板，也可由投资该企业的私募基金管理人、为企业提供贷款或服务的银行、证券公司、会计师事务所、律师事务所等机构提交尽调材料或已出具的审计报告等材料申请进入专板。

（四）明确建设方案。拟设立专板的区域性股权市场应制定专板具体建设方案，明确建设总体目标和阶段性目标、时间表和路线图，并以省级（含计划单列市）人民政府办公厅名义报送证监会办公厅备案后实施。

三、推动高质量运行

（五）分层管理体系。区域性股权市场应对专板企业建立分层管理体系，并为各层企业提供与其特点和需求相适应的基础服务和综合金融服务。根据企业发展情况每年调整其所在层次，及时清退不符合准入条件或存在违法违规行为的企业。

1. 孵化层：尚未达到规范层或培育层标准的专板企业。

2. 规范层：专精特新中小企业；获得过B轮以上私募股权融资的专板企业。

3. 培育层：专精特新"小巨人"企业；拟上市后备企业；主营业务明确，具有持续经营能力，营业收入、净利润等财务指标达到上海、深圳、北京证券交易所（以下简称证券交易所）或全国股转系统创新层相应指标50%以上，且具备上市潜力或具有明确上市规划的企业。鼓励已进入上市辅导期的企业和拟申请IPO的全国股转系统摘牌企业进入培育层。

（六）登记托管要求。进入专板的企业应按照证监会统一登记托管要求（另行制定）进行登记托管。企业进入专板后60个工作日内经确权的股份（股权）数量应达到股份（股权）总数的75%以上，培育层企业应达到80%以上；未确权的部分应设立股份（股权）托管账户进行专户管理，并明确有关责任的承担主体。进入专板后的股权变动记录要清晰完整，有据可查。

（七）信息披露原则。区域性股权市场应根据"非必要不披露"原则建立差异化的信息披露制度和定向信息披露系统。未进行过股权或债权融资的企业可自愿选择披露的内容和范围，进行过股权或债权融资的企业应根据外部投资人要求或有关监管要求定期定向披露信息。

（八）完善企业数据库。区域性股权市场要建立涵盖企业基本信息、已披露信息、通过服务和调研走访积累的信息等多维度信息的企业数据库，在保障信息安全和企业权益的前提下，加强信息共享和应用，结合地方政务信息及从其他第三方获取的信息为企业进行精准画像、信用评价等。企业相关信息应根据企业授权或监管部门有关规定对外提供或使用，且信息及使用情况应进行区块链存证。

四、提供高水平服务

（九）强化基础服务。区域性股权市场应整合内外部及线上线下服务资源，建立符合中小企业需求和特点的基础服务体系，为企业提供管理支持、管理咨询、培训交流、政策对接等一站式服务，并结合本地实际创造性地推出支持企业发展的举措和服务产品。

（十）优化融资服务。区域性股权市场应结合各层企业特点和需求，综合运用股权、债券、信贷以及地方金融工具，设计形成差异化的金融产品体系，组织开展融资对接活动，为企业提供综合金融服务，以企业获得融资总额、降低融资成本、优化融资渠道等来衡量服务能力。支持各地依托区域性股权市场建设中小企业融资综合服务平台，促进金融机构与中小企业融资对接。

1. 加强同私募基金管理人的联系，根据企业融资需求以及私募基金管理人投资需求，有针对性地组织路演、推送优质企业，适时撮合被投项目的承接转让。协助私募基金管理人做好投后管理和企业赋能。设计优化股份（股权）非公开发行业务流程，保证股份（股权）变动信息可追溯。

2. 规范发展可转债业务，严格落实有关监管要求，坚持服务当地中小微企业的定位，规范发行人资质，加强审核把关，依法合规开展业务，加强产品合规及风险管控。

3. 联合商业银行等信贷机构围绕企业需求，打造专属信贷产品，加大信贷支持力度，优化信贷服务，持续增强为企业对接信贷的能力。

4. 深化与省内担保机构合作，为企业债权类融资提供担保服务，建立担保机构对企业融资的风险分担机制。鼓励担保机构开展投担联动业务。

（十一）加强上市培育。区域性股权市场应当进一步加强与当地工业和信息化主管部门的协同配合和交流互通，向中小企业提供优质专业服务，从产融两方面共同做好专板企业上市培育工作。

1. 定期对企业进行调研走访，了解和收集企业在融资、上市（挂牌）等方面存在的问题、困难和需求，并提供专业意见，为企业培育工作积累必要的基础信息。

2. 支持企业在上市前2~3年改制为股份有限公司，帮助企业增强合规和规范治理意识，规范财务运作，完善内部治理结构，提升合规管理能力。

3. 联合证券交易所、全国股转系统以及优质证券服务机构，持续为企业提供规范运作、上市（挂牌）辅导、并购重组等方面的培训、咨询和服务，协助解决上市过程中遇到的问题。总结推广上市成功案例、企业利用资本市场实现高质量发展的经验做法。

4. 证券交易所、全国股转系统可与区域性股权市场共同建立企业上市培育系统，强化上市培育机制。

（十二）股权激励服务。区域性股权市场要为股权激励和员工持股计划相关的股份（股权）、期权提供登记托管、转让、信息披露等相关服务。专板企业可以按照《关于试点创新企业实施员工持股计划和期权激励的指引》《非上市公众公司监管指引第6号——股权激励和员工持股计划的监管要求（试行）》和区域性股权市场有关规定（另行制定）实施股权激励和员工持股计划。

（十三）鼓励服务创新。区域性股权市场在基础服务、融资服务、投后服务、财务顾问、创业债权、优先股（权）等某一领域有较为深入探索并取得一定经验的，可申请单项业务试点，促进区域性股权市场差异化发展。区域性股权市场可以在做好风险隔离的前提下，依法成立1家控股的私募基金管理人，管理的私募股权投资基金募资对象应为机构投资者，投资对象主要为区域性股权市场服务的企业，或者投资后6个月内进入区域性股权市场。

五、加强有机联系

（十四）建设服务基地。鼓励证券交易所、全国股转系统依托区域性股权市场建立属地服务基地、培训基地和上市推广基地，为上市（挂牌）企业提供属地化服务，组织开展询价、路演及上市（挂牌）仪式等；加强培训资源合作共享，对拟上市企业开展规范治理、信息披露等资本市场相关培训。建立经常性交流联络机制，鼓励证券交易所、全国股转公司与区域性股权市场建立人员互相挂职机制。

（十五）加强合作对接。全国股转系统要同区域性股权市场建立针对专板培育层企业的合作衔接机制。

1. 支持全国股转系统对符合条件的专板培育层企业建立挂牌绿色通道。对于开展制度和业务创新试点且监管机制较为完备的区域性股权市场，探索开展"公示审查"白名单制度，将符合条件的企业纳入白名单，公示全国股转系统挂牌申请材料和企业在专板期间积累的数据和信披材料，公示无异议即通过审核。

2. 专板培育层企业在全国股转系统基础层挂牌后转入创新层或申请挂牌同时进入创新层的，探索在专板培育层发生的外部投资者对企业股权和可转债投资额计入《全国中小企业股份转让系统分层管理办法》规定的累计融资金额内。

3. 支持全国股转系统与区域性股权市场通过监管链建立信披通、监管通、技术通、账户通的对接机制。区域性股权市场参照全国股转系统基础层监管要求，加强对全国股转系统拟挂牌企业在信息披露、公司治理等方面的持续规范，实现申请文件和定期报告、临时报告的 XBRL（eXtensible

Business Reporting Language，可扩展商业报告语言）化，并与中国结算建立账户对接机制。

（十六）支持股权激励。证券交易所、全国股转系统认可专板企业依法合规实施并在区域性股权市场进行登记托管的股权激励和员工持股计划，在符合证监会关于首次公开发行上市审核相关规则或指引以及证券交易场所交易结算业务相关规则的情况下，在发行上市（挂牌）过程中不必进行清理。

（十七）数据信息联通。证券交易所、全国股转系统可以通过证监会监管链调用专板企业数据、登记托管信息、股权变动信息及专板企业相关的地方政务信息，将其作为发行审核参考。证券公司可以根据企业授权调用上述信息。

六、完善市场生态

（十八）推动券商参与。证券公司可以根据区域性股权市场的业务特点和企业需求，在做好与场内业务风险隔离的情况下，设立专门从事区域性股权市场相关业务的一级子公司或普惠服务部门，为专板企业提供规范培育、投融资对接、财务顾问、证券承销、改制辅导等服务，探索形成适合场外市场特点的业务模式以及业务管理、合规风控、绩效考核等管理制度。依法支持证券公司参控股运营机构，联合地方政府、运营机构依法合规发起设立主要投资于专板企业的专项投资基金。

（十九）加强自律管理。区域性股权市场要建立完善专板自律管理规则，通过提升人员能力和水平、完善制度、加强信息建设等方式，切实提高自律管理能力，提升风险防控实效。加强中介机构自律管理，对存在违法违规或不诚信行为的要及时采取自律监管措施，并报送证券业协会或相关监管部门。证券业协会应对区域性股权市场报送的已采取自律监管措施的中介机构信息以适当方式进行共享，并制定自律规则指导区域性股权市场加强中介机构管理。

七、加强组织保障

各省级金融局、工业和信息化主管部门、证监局要加强组织协调和工作协同，有力推进专板建设工作，有效服务优质中小企业；建立企业上市快速协调机制，指导区域性股权市场对接协调相关部门。

（二十）省级金融局要全面落实监管责任，加强日常监管和风险监测，及时处置发现的问题和风险。推动建立证监会监管链通过地方业务链对地方政务信息的调用通道。推动建立针对债权类融资产品的风险补偿机制，设立专项风险补偿基金。推动优化财政奖补资金的使用方式，引导区域性股权市场发挥服务功能，以企业在板获得的融资金额等为依据，对企业或运营机构进行奖补，弱化对运营机构的盈利考核要求。推动建立市场监管部门与区域性股权市场的股权登记对接机制。

（二十一）地方工业和信息化主管部门积极参与专板建设，牵头建立本区域优质中小企业动态管理机制和名单推送共享机制，引导本区域符合条件的中小企业进入专板；以中小企业需求为导向，积极提供更加精准的服务，支持在板企业参加"百场万企"大中小企业融通创新对接活动、"千校万企"协同创新伙伴行动等。鼓励将区域性股权市场纳入中小企业公共服务体系，对于符合条件的区域性股权市场，可以依据有关规定申请国家中小企业公共服务示范平台；支持区域性股权市场承办"创客中国"中小企业创新创业大赛区域赛等活动。

（二十二）证监局要积极作好指导协调工作，可利用开展创新试点的区域性股权市场对辅导对象进行培育规范，并开展辅导验收工作。

（二十三）证监会、工业和信息化部联合对专板建设情况、阶段性建设目标、功能作用发挥等情况进行跟踪评价。评价内容包括但不限于为企业提供的基础服务情况、企业数据库建设情况、服务企业满意度情况、为企业实现融资情况、培育上市（挂牌）公司情况等。

专板建设有关内容与《区域性股权市场监督管理试行办法》及有关监管要求不一致的，以本意见为准。

本意见自发布之日起实施。

中国证监会办公厅　工业和信息化部办公厅
2022 年 11 月 15 日

财政部　工业和信息化部
关于支持"专精特新"中小企业高质量发展的通知

财建〔2021〕2号

各省、自治区、直辖市、计划单列市财政厅（局）、中小企业主管部门，新疆生产建设兵团财政局、工信局：

为深入贯彻习近平总书记在中央财经委员会第五次会议上关于"培育一批'专精特新'中小企业"的重要指示精神，落实党的十九届五中全会提出"支持创新型中小微企业成长为创新重要发源地"、《政府工作报告》和国务院促进中小企业发展工作领导小组工作部署，在"十四五"时期进一步提升中小企业专业化能力和水平，财政部、工业和信息化部（统称两部门）通过中央财政资金进一步支持中小企业"专精特新"发展。现将有关事项通知如下：

一、工作目标

以习近平新时代中国特色社会主义思想为指导，着眼于推进中小企业高质量发展和助推构建双循环新发展格局，2021—2025年，中央财政累计安排100亿元以上奖补资金，引导地方完善扶持政策和公共服务体系，分三批（每批不超过三年）重点支持1000余家国家级专精特新"小巨人"企业（以下简称重点"小巨人"企业）高质量发展，促进这些企业发挥示范作用，并通过支持部分国家（或省级）中小企业公共服务示范平台（以下简称公共服务示范平台）强化服务水平，聚集资金、人才和技术等资源，带动1万家左右中小企业成长为国家级专精特新"小巨人"企业。

二、实施内容

通过中央财政资金引导，促进上下联动，将培优中小企业与做强产业相结合，加快培育一批专注于细分市场、聚焦主业、创新能力强、成长性好的专精特新"小巨人"企业，推动提升专精特新"小巨人"企业数量和质量，助力实体经济特别是制造业做实做强做优，提升产业链供应链稳定性和竞争力。

（一）支持对象。

中央财政安排奖补资金，引导省级财政部门、中小企业主管部门统筹支持以下两个方面：一是重点"小巨人"企业。由工业和信息化部商财政部从已认定的专精特新"小巨人"企业中择优选定（不含已在上交所主板、科创板和深交所主板、中小板、创业板，以及境外公开发行股票的）。二是公共服务示范平台。由省级中小企业主管部门商同级财政部门从工业和信息化部（或省级中小企业主管部门）认定的国家（或省级）中小企业公共服务示范平台中选定，每省份每批次自主确定不超过3个平台。上述企业和平台须符合的条件详见附件。

（二）支持内容。

支持重点"小巨人"企业推进以下工作：一是加大创新投入，加快技术成果产业化应用，推进工业"四基"领域或制造强国战略明确的十大重点产业领域"补短板"和"锻长板"；二是与行业龙头企业协同创新、产业链上下游协作配套，支撑产业链补链延链固链、提升产业链供应链稳定性和竞争力；三是促进数字化网络化智能化改造，业务系统向云端迁移，并通过工业设计促进提品质和创品牌。另外，支持企业加快上市步伐，加强国际合作等，进一步增强发展潜力和国际竞争能力。

支持公共服务示范平台为国家级专精特新"小巨人"企业提供技术创新、上市辅导、创新成果转化与应用、数字化智能化改造、知识产权应用、上云用云及工业设计等服务。其中，对于重点"小巨人"企业，应提供"点对点"服务。

三、组织实施

（一）编报实施方案。省级中小企业主管部门会同财政部门，按要求组织符合条件的重点"小巨人"企业和公共服务示范平台自愿申报，并编制《××省份第×批支持专精特新"小巨人"企业工作实施方案》（以下称《实施方案》，含推荐的重点"小巨人"企业名单和公共服务示范平台名单，模板见附件）的报送版，按程序联合上报两部门。

（二）审核批复方案。工业和信息化部商财政部组织合规性审核，提出审核意见,其中,对于地方推荐的重点"小巨人"企业,按照可量化可考核的统一标准,择优确定。省级中小企业主管部门会同财政部门,按合规性审核意见进行修改完善,并将完善后的《实施方案》[以下称《实施方案》(备案版)]按程序报送至两部门,由工业和信息化部会同财政部予以批复(含重点"小巨人"企业名单和公共服务示范平台名单)。

(三)工作实施及绩效考核。省级中小企业主管部门会同财政部门按照两部门批复的《实施方案》(备案版),组织推进实施并做好分年度实施成效自评估。工业和信息化部商财政部对地方培育工作组织分年度绩效考核,明确绩效考核等次,以及继续支持的重点"小巨人"企业(仍通过可量化可考核的统一标准择优确定),考核结果与后续奖补资金安排挂钩。对于年度绩效考核中发现问题及不足的,由有关省级中小企业主管部门会同财政部门组织落实整改。

(四)拨付奖补资金。两部门批复《实施方案》(备案版)后,财政部于批复当年、实施期满1年及满2年时,按照预算管理规定、分年度绩效考核结果及工业和信息化部建议,按程序滚动安排奖补资金,切块下达省级财政部门。省级中小企业主管部门商同级财政部门按照《实施方案》(备案版),并结合本地区重点"小巨人"企业、公共服务示范平台实际情况,确定资金分配方案(奖补资金90%以上用于直接支持重点"小巨人"企业),避免简单分配。按照直达资金管理要求,各省级财政部门应在接到中央直达资金指标发文后30日内,将分配方案上报财政部,同时抄送财政部当地监管局。

关于重点"小巨人"企业支持数量、绩效考核工作程序、相关标准等事宜,另行明确。

四、其他要求

(一)加强组织协调。省级中小企业主管部门会同财政部门组织做好《实施方案》编制报送工作,落实申报责任并核实申报材料和留存备查;做好定期跟踪指导、现场督促、服务满意度测评、监督管理,适时总结经验做法和存在困难问题,有关情况报送工业和信息化部并抄报财政部。

各省份组织编报《实施方案》过程中,要严格把关,做好初核,相关佐证材料留存备查;要做好政策解读解释。

任何机构和单位不得以参加收费培训班或解读班作为企业申报前提条件。

（二）加强资金管理。奖补资金管理适用《中小企业发展专项资金管理办法》。省级财政部门、中小企业主管部门应按职责分工加强有关奖补资金管理，提高资金使用效益。公共服务示范平台所获奖补资金须用于服务专精特新"小巨人"企业，不得用于平衡本级财政预算，不得用于示范平台自身建设、工作经费等；如检查考核发现存在此类问题的，酌情扣减有关奖补资金。重点"小巨人"企业所获奖补资金，由企业围绕"专精特新"发展目标自主安排使用；对检查考核发现以虚报、冒领等手段骗取财政资金的，按照《财政违法行为处罚处分条例》等有关规定处理。

（三）做好信息公开。根据预算公开规定和当前实际，工业和信息化部主动公开有关工作推进情况，并公示重点"小巨人"企业和公共服务示范平台名单及每年考核结果，财政部主动公开各省份转移支付分配情况。省级中小企业主管部门、财政部门应按职责分工主动公开有关工作推进及资金管理使用情况。

各省份第一批《实施方案》（报送版）应于2021年3月31日前报送；第二批、第三批《实施方案》（报送版）应分别于2021年、2022年7月15日前报送（加盖公章纸质版和扫描PDF电子版各一式三份）。

附件：××省份第×批支持专精特新"小巨人"企业工作实施方案（模板）

财政部　工业和信息化部
2021年1月23日

后 记

2021年9月，习近平总书记在中国国际服务贸易交易会全球服务贸易峰会上致辞时表示，将设立北京证券交易所，打造服务创新型中小企业主阵地。同年12月，工业和信息化部、国家发展和改革委员会等多部门联合发布了《关于印发"十四五"促进中小企业发展规划的通知》，提出了"十四五"期间优质中小企业梯度培育体系，示范引领更多中小企业向专精特新道路发展。

《从专精特新到北交所》一书正是在这个背景下撰写而成，旨在为读者提供关于"专精特新"和"北交所"的普及性读物。

本书由北京科创企业投融资联盟秘书长、三板汇集团董事长李浩先生组织编写完成。本书共六章，冶青芳、刘一飞、梁胜利、邢旺、孙博伍、王刚、臧其超、边明明负责各章节及序言的撰写与审校工作。

本书编写过程中，也得到了众多领导同志、专家学者和企业负责人的鼎力支持和众多赞誉，我们在此一并表示感谢！

本书所采用的相关资料均从公开渠道获得，如有谬误之处，请及时和我们联系。

最后，在本书出版之际，我们也诚挚地感谢各位合作伙伴精心指导和真诚的帮助，希望大家在国家政策和战略举措的指引下团结一致、攻坚克难，共同为我国新时代企业变革和高质量发展作出应有的贡献。